CEPII

L'économie mondiale 2021

La Découverte

Les publications du CEPII

Une expertise sur l'économie internationale
— *La Lettre du CEPII* : des analyses sur les enjeux clés de l'économie internationale
— Les *Policy Briefs* : des contributions aux débats de politique économique
— Le *Blog du CEPII* : l'actualité déchiffrée par les économistes
— Le *Panorama du CEPII* : des fiches statistiques et des éclairages thématiques
— *L'Économie mondiale* : l'ouvrage annuel pour comprendre les grandes tendances
— *L'Économie internationale en campagne* : les questions-réponses des économistes du CEPII au service du débat public
— *Carnets graphiques, l'économie mondiale dévoile ses courbes* : une quarantaine de graphiques, chacun accompagné d'un texte court, pour tracer les contours de quarante ans d'économie mondiale

Une production scientifique
— *Documents de travail* : des contributions à la recherche académique
— *International Economics* : la revue académique publiée par le CEPII

Retrouvez l'ensemble des publications sur le site Internet du CEPII : www.cepii.fr

Le Centre d'études prospectives et d'informations internationales (CEPII) est le principal centre français de recherche et d'expertise en économie internationale. Les analyses et études du Centre contribuent au débat public et à la formulation des politiques économiques.

L'Économie mondiale 2021 est publié sous la responsabilité de la direction du CEPII. Les opinions exprimées sont celles des auteurs.

L'Économie mondiale 2021/CEPII : éd. sous la dir. d'Isabelle Bensidoun et de Jézabel Couppey-Soubeyran, La Découverte, « Repères », Paris, 2020, n° 746 (économie).

Réalisation PAO : Sophie de Salée.

Dépôt légal : septembre 2020.

ISBN : 978-2-348-06411-1

Introduction

*Isabelle Bensidoun et Jézabel Couppey-Soubeyran**

La pandémie de Covid-19 a mis l'économie mondiale en état de choc. Dans la traditionnelle vue d'ensemble du chapitre I, Sébastien Jean braque le projecteur sur cet événement d'une gravité rare qu'il qualifie de désastre économique. Il faut dire que la chute des revenus prévue pour 2020 est hors normes, avec plus de 90 % des pays qui seront confrontés à une baisse de leur PIB par tête. Le choc sur l'emploi sera aussi massif avec un taux de chômage dans les pays de l'OCDE qui a déjà plus que doublé entre la fin 2019 et juin 2020 pour passer de 5,3 % à 11,4 %. Dans les pays en développement, où l'emploi informel est bien souvent la norme, les conséquences sur les conditions de vie des plus démunis seront dévastatrices avec le glissement de 40 à 60 millions de personnes dans l'extrême pauvreté, d'après la Banque mondiale.

Pourtant, les gouvernements et les banques centrales ont réagi promptement et fortement face à ce cataclysme économique. Les mesures budgétaires annoncées représentaient en juin 2020 un total mondial sans précédent de 11 000 milliards de dollars qui devrait porter la somme des déficits publics à 13,9 % du PIB mondial, du jamais-vu en temps de paix. Les banques centrales n'ont pas lésiné non plus. La Banque centrale européenne s'est engagée sur un nouveau programme d'achat d'actifs de

* Isabelle Bensidoun, économiste et responsable des publications au CEPII, Jézabel Couppey-Soubeyran, maîtresse de conférences à l'université Paris-1 Panthéon-Sorbonne et conseillère éditoriale au CEPII, ont assuré la conception et la coordination de cet ouvrage.

750 milliards d'euros assorti de règles très assouplies, porté début juin à 1 350 milliards d'euros. La Réserve fédérale a été plus radicale encore lorsqu'elle a fait savoir qu'elle interviendrait sans limitation de montant pour restaurer un fonctionnement apaisé des marchés. Quant aux banques centrales des économies émergentes, une douzaine d'entre elles ont rejoint celles des économies avancées dans la pratique de l'assouplissement quantitatif pour soutenir les marchés et l'activité économique.

Alors que la situation sanitaire reste toujours très incertaine, une chose est sûre, le désastre provoqué par la pandémie de Covid-19 laissera des traces durables. Espérons que, face à la stagnation séculaire qui se confirme, les gouvernements sauront engager les politiques de relance qui s'imposent dans un contexte de taux d'intérêt extrêmement bas pour éviter que ne s'installe un cercle vicieux de ralentissement.

Ce sont aussi les interdépendances que la fragmentation des chaînes de production a installées qui se trouvent remises en question par la pandémie de Covid-19. Sébastien Jean, Ariell Reshef et Gianluca Santoni retracent, dans le chapitre II, l'évolution de cette fragmentation qu'on appelle « chaînes de valeur » pour désigner la répartition entre plusieurs pays des différentes étapes de production, l'enchaînement des fabrications intermédiaires et des transformations débouchant sur un produit fini. Comme ils nous le rappellent, que l'on y voie un moteur de développement et d'innovation ou une dérive lourde de menaces, l'essor des chaînes de valeur mondiales est la signature peut-être la plus marquante des transformations économiques des trois dernières décennies, qui ont ouvert une nouvelle ère de la mondialisation. Les relations macroéconomiques internationales, les politiques de développement et la répartition des revenus en ont été profondément transformées. La crise sanitaire amène à reconsidérer le rapport coûts-bénéfices de cette organisation internationale des chaînes de valeur, en faisant prendre conscience du danger d'une dépendance trop forte de la production, lorsque celle-ci concerne par exemple des médicaments ou des masques que l'on ne peut plus réaliser de manière autonome. Si le glas de cette ère des chaînes de valeur n'a pas encore sonné, indéniablement une phase nouvelle est en train de s'ouvrir.

Pour la zone euro aussi, il serait bon qu'une phase nouvelle commence pour y rééquilibrer la demande de façon durable. Car les déséquilibres qui se sont installés, avec un excédent courant allemand massif et des déficits courants au Sud, ne sont pas sans lien avec les politiques de compression de la demande d'un côté, et de stimulation de l'autre, qui ont été menées ces dernières années. Les changements majeurs de politiques fiscale et sociale intervenus en Allemagne au début des années 2000 sont, pour François Geerolf et Thomas Grjebine qui ont rédigé le chapitre III, à l'origine du tournant observé à ce moment-là dans l'évolution du solde courant allemand : déficitaire dans les années 1990, il est depuis quatre ans le plus élevé au monde autour de 7 % du PIB. Hausses d'impôts indirects payées par les classes moyennes et modestes dont la propension à consommer est la plus élevée, réforme du système des retraites vers moins de générosité du système par répartition et plus de capitalisation ont tari la demande intérieure et fait exploser l'épargne. Et si cela ne s'est pas traduit par une chute de l'activité, c'est parce que, ailleurs, au sud de l'Europe ou aux États-Unis, certains étaient prêts à dépenser plus qu'ils ne gagnaient, grâce à des politiques de soutien de la demande. Mais, dans un contexte de déficit mondial de la demande, chacun devrait prendre sa part de stimulation de la demande. En zone euro, cela réclamera que le mouvement engagé par l'Allemagne pour soutenir sa demande se consolide.

La pandémie pourrait constituer un frein, par les obstacles économiques et sociaux qu'elle dresse, tout autant qu'un accélérateur de changement du fait notamment de décisions de politique économique, qui hier relevaient de l'impossible et aujourd'hui de la nécessité. Il est en tout cas des phénomènes structurels qu'elle ne changera pas, voire qu'elle pourrait renforcer. Il en ira ainsi de la concentration, qui pourrait s'accentuer sous l'effet de cette crise en raison des faillites qu'elle va entraîner et qui ne feront que creuser l'écart entre les petites entreprises à faible pouvoir de marché et les grandes dont la domination s'en trouvera renforcée. La concentration est l'un des phénomènes emblématiques des dernières décennies, particulièrement sensible aux États-Unis et dans une moindre mesure en Europe. D'aucuns y voient le jeu bénéfique de la concurrence, où les entreprises les plus productives l'emportent ; d'autres, au contraire, un déclin de la concurrence. Axelle Arquié et Julia Bertin, dans le chapitre IV, lèvent le voile sur la réalité complexe du phénomène, dont l'évolution diverge sur le marché des biens et sur celui de l'emploi. Elles n'adhèrent pas à la thèse de la concentration vertueuse, soulignent que les salariés et les consommateurs y perdent au profit des actionnaires, et mettent en garde contre le danger d'un démantèlement des régulations protectrices européennes.

La crise sanitaire empêchera-t-elle la mise en place d'un *Green New Deal* global ou, au contraire, fera-t-elle prendre conscience de l'impérieuse nécessité de sauver le climat ? Les périodes de crise sont rarement propices aux politiques environnementales, mais celle qui a frappé cette année l'économie mondiale, parce qu'elle est venue souligner le dérèglement de nos rapports à la nature et nous rappeler notre vulnérabilité, pourrait bien conduire à un tournant décisif dans l'engagement en faveur de la transition écologique. Le défi à relever est immense car, pour Michel Aglietta et Étienne Espagne, dans le chapitre v, il ne s'agit pas seulement de corriger une défaillance de marché par l'établissement d'un prix du carbone, mais bien de s'inscrire dans un modèle de croissance radicalement différent, comme l'avait fait en son temps le *New Deal* de F. D. Roosevelt, afin de construire les institutions de préservation des biens communs globaux. L'enjeu étant global, le *Green New Deal* ne peut que l'être aussi. Il réclamera notamment de contenir la dissociation spatiale entre les émissions de gaz à effet de serre produites et consommées, permise par le commerce international, pour éviter que les réductions d'émissions au Nord ne se fassent aux dépens du Sud. Il réclamera aussi un engagement des institutions financières du Nord pour soutenir les *Green New Deal* des pays du Sud. Car, dans un système monétaire international dominé par le dollar et dans un contexte de mobilité des capitaux, la nécessité pour les économies émergentes de constituer des réserves importantes en dollar n'est pas sans faire obstacle à la mise en place de stratégies de long terme d'investissements publics transformateurs comme ceux que nécessite le *Green New Deal* pour respecter les limites planétaires.

Or, pour l'heure, le rééquilibrage du système monétaire international n'est toujours pas à l'ordre du jour. C'est en tout cas la thèse défendue par Carl Grekou dans le chapitre vi. Après avoir retracé comment le dollar est devenu la monnaie internationale de référence que la fin du système de Bretton Woods n'a pas remise en cause, illustré son hégémonie persistante dans la plupart des fonctions qu'une monnaie internationale se doit d'assumer et examiné les alternatives à sa suprématie dans un monde où le poids des États-Unis s'amenuise, il en arrive à la conclusion que, hier comme aujourd'hui, aucun concurrent sérieux ne menace le billet vert. L'euro souffre de lacunes qui compromettent toujours son rôle de devise clé, les monnaies digitales, parce qu'elles menacent un privilège que les États ne sont pas près d'abandonner, auront du mal à voir le jour et le renminbi, nouveau concurrent désigné, reste encore trop étroitement lié au dollar pour prétendre s'y substituer, en tout cas à court terme.

D'autant que, en Chine, la pandémie retarde les réformes et l'ouverture du système financier, dont dépend l'internationalisation du renminbi. Mais, comme le montre Camille Macaire dans le chapitre VII, la détermination de la Chine à occuper une place de premier plan sur l'échiquier, aussi bien économique que financier, mondial n'est pas entamée pour autant. Depuis la crise financière de 2007-2008, le développement du secteur bancaire et financier chinois s'est accéléré. Avec son secteur bancaire devenu le plus grand du monde, la Chine a transformé en l'espace d'une décennie les contours du système financier mondial. Elle doit toutefois contenir l'expansion d'un vaste secteur de l'ombre, opaque et vecteur de risque systémique, et l'explosion du taux d'endettement des ménages et des entreprises. Il lui faut aussi renforcer la sophistication de ses marchés financiers et rationaliser les grandes entreprises d'État pour avoir la confiance et la reconnaissance des investisseurs internationaux. Les Nouvelles Routes de la Soie ont fait avancer son processus d'internationalisation, surtout vis-à-vis des pays qui ont besoin de financer leur développement. Mais la Chine a encore devant elle un long chemin avant de voir émerger un pôle monétaire autour du renminbi, qui remettrait en question l'hégémonie du dollar au sein du système monétaire international.

Faire en sorte que les économies du monde entier se relèvent plus fortes et mieux équilibrées de la pandémie, lutter contre le changement climatique, rééquilibrer le système monétaire international sont autant de défis à relever. La trajectoire de l'économie mondiale dépendra pour longtemps des réponses qui y seront apportées.

Les compléments statistiques présentés en fin d'ouvrage ont été rassemblés par Alix de Saint Vaulry. Et, cette année, la base de données a un peu verdi !

I/ Vue d'ensemble : état de choc

*Sébastien Jean**

La pandémie de Covid-19 a plongé l'économie mondiale dans une crise d'une ampleur historique, sans équivalent en temps de paix au moins depuis la dépression des années 1930. En amenant la plupart des gouvernements à prendre des mesures généralement jugées inenvisageables quelques semaines plus tôt, elle a brutalement paralysé l'activité économique à une échelle sans précédent. Même si beaucoup d'incertitudes demeurent, à commencer par celles concernant les aspects sanitaires, cet épisode apparaît d'ores et déjà comme un accident économique majeur à l'échelle mondiale. L'impact économique est atypique autant que spectaculaire : immédiat et durable, réel et financier, mondial et hétérogène. Il offre un éclairage unique sur le fonctionnement de l'économie mondiale et sur ses vulnérabilités, qu'il faut attentivement analyser pour en tirer les leçons, à défaut de pouvoir en prédire les conséquences. Car, au-delà des chiffrages incertains mais impressionnants de ses répercussions, cette crise est suffisamment profonde pour altérer substantiellement les grands équilibres économiques mondiaux et laisser des stigmates qui seront longs à cicatriser.

Pire qu'une crise, un désastre

Les sujets de préoccupation ne manquaient pas à l'orée de l'année 2020 sur l'activité mondiale et ses conséquences, pour

* Sébastien Jean est directeur du CEPII.

des raisons purement économiques (risque de retournement de la conjoncture aux États-Unis, ralentissement structurel de la croissance chinoise, crises dans des pays comme l'Argentine et la Turquie), mais également en raison de tensions géopolitiques croissantes et d'une déstabilisation des cadres de coordination internationale, sur fond d'urgence environnementale toujours plus pressante. Mais la crise sanitaire a brutalement interrompu le cours de l'activité mondiale à partir des mesures de confinement de la région de Wuhan, décidées le 23 janvier et étendues dans les jours suivants à l'essentiel de la Chine. Moins de deux mois plus tard, ce qui venait d'être officiellement reconnu comme une pandémie flambait en Europe, avant de s'abattre sur les Amériques et de s'étendre notamment en Asie du Sud, aucun pays au monde n'étant véritablement épargné, même si la contagion restait limitée en Afrique et en Océanie, en tout cas jusqu'au début de l'été.

D'après les estimations du BIT, fin mars 2020, près de 90 % des travailleurs dans le monde vivaient dans un pays recommandant ou imposant des mesures de fermeture des lieux de travail [BIT, 2020]. Ces mesures de confinement, prises pour endiguer une contagion galopante, ont paralysé l'activité économique de plusieurs manières : la limitation stricte des déplacements des personnes et la fermeture de nombreux lieux de production, d'échange ou de rassemblement ont empêché beaucoup d'entreprises de maintenir leur activité, tandis que la consignation à domicile des personnes limitait leur consommation au strict minimum. C'est donc à la fois l'offre et la demande qui ont été frappées de manière concomitante, par une cause extérieure à la sphère économique. Les conséquences ont été spectaculaires puisque la plupart des pays appliquant des mesures de confinement ont vu leur activité économique baisser de l'ordre de 25 % à 35 % par rapport à son niveau habituel ; l'Insee estimait ainsi que l'activité productive en France au mois d'avril 2020 était inférieure de 29 % à son niveau « normal », tandis que la consommation était diminuée de 31 %, des ordres de grandeur proches de ceux donnés par l'OCDE pour les pays du G7 (– 25 % à – 30 % dans la plupart des cas pour l'activité productive, – 30 % à – 35 % pour la consommation privée) et cohérents avec les chiffres disponibles pour les économies émergentes appliquant des mesures de confinement strictes, comme l'Inde et la Chine, la baisse estimée du nombre d'heures travaillées atteignant même 45 % au Mexique

[Insee, 2020 ; OCDE, 2020a]. Dès lors qu'il est apparu que les périodes de confinement nécessaires seraient longues, de l'ordre d'une dizaine de semaines le plus souvent, et que le retour à la normale serait progressif, ces chiffres impliquaient que les conséquences économiques seraient de très grande ampleur, faisant de cet épisode non pas une crise économique parmi d'autres, mais un événement d'une gravité rare : un désastre macroéconomique, pour reprendre le terme popularisé par Robert Barro [2006].

Les activités les plus touchées ont été celles tributaires de la mobilité des personnes et de la capacité de les rassembler, à commencer par l'hôtellerie-restauration, le transport, le tourisme, les spectacles et divertissements, mais la fabrication de matériels de transport a été également très affectée, à la fois en raison de fermetures de sites et de l'effondrement des ventes, et beaucoup d'autres secteurs industriels ont souffert, tout comme le commerce de détail non alimentaire (excepté sa composante « en ligne »). À l'inverse, la production agricole et agroalimentaire a généralement été maintenue, tandis que celle de produits de santé montait en flèche pour lutter contre la pandémie. L'impact est donc très inégal, mais les dégâts économiques sont massifs, une grande partie des entreprises et des travailleurs indépendants se retrouvant confrontés à un tarissement brutal de leurs recettes. À court terme, la question reste de savoir s'ils seront capables de faire face à leurs charges, et pour combien de temps ; mais le défi va bien au-delà, puisqu'il s'agit de s'adapter à une conjoncture qui risque de rester durablement déprimée.

Tant que l'épidémie a pu paraître contenue à la Chine, ses répercussions financières sont restées pour l'essentiel limitées à ce pays, avec des tensions sur les marchés financiers qui sont restées maîtrisées et une chute des cours de Bourse de l'ordre de 15 % à la suite du confinement. Lorsque la menace d'une contagion plus large s'est précisée, en revanche, elle a brusquement inversé l'optimisme relatif qui prévalait sur les marchés financiers, alors que la guerre commerciale entre les États-Unis et la Chine semblait marquer une pause, matérialisée par l'accord dit « de phase 1 » signé le 15 janvier 2020 à Washington. Dans les semaines qui ont suivi le 20 février, les risques ont été fortement réévalués à la hausse par les acteurs des marchés financiers, provoquant des ventes massives de tous les actifs considérés comme risqués et une recherche effrénée de liquidités et de sécurité. Les marchés boursiers se sont effondrés (le CAC 40 et le Dow Jones perdant

40 % de leur valeur en un mois), dans un contexte de poussée de volatilité et de doublement des écarts de rendement entre les obligations d'entreprises et les titres souverains, ces derniers baissant fortement. Sur les marchés internationaux, ce qu'il faut bien appeler une panique s'est traduit par la sortie de presque 100 milliards de dollars des économies émergentes dans le mois qui a suivi le 20 février. Ces retraits massifs ont naturellement provoqué une hausse du dollar, de 6 % vis-à-vis de la moyenne des partenaires des États-Unis au cours de ce même mois.

Dans ces différentes dimensions, le choc sur les marchés financiers s'est révélé plus brutal encore que celui de la crise financière qui avait suivi la faillite de Lehman Brothers en septembre 2008 [Ortmans et Tripier, 2020]. Il faut dire que la recherche de rendements, dans un contexte de politiques monétaires accommodantes et donc de taux d'intérêt très faibles sur les dettes souveraines, avait nourri une prise de risque croissante des acteurs financiers, matérialisée aussi bien par la hausse du crédit en devises à des entreprises des pays émergents que par le développement de prêts à haut rendement, non intermédiés par les banques [Aglietta et Khanniche, 2020]. De fait, l'endettement total (public et privé) avait considérablement augmenté depuis la crise financière, passant de 250 % du PIB en 2008 à 268 % en 2019 pour les économies avancées, et de 119 % à 189 % pour les pays émergents, avec une dynamique particulièrement forte pour les entreprises des économies émergentes (en Chine notamment), dont la dette a augmenté de 80 % au cours de cette période.

Une intervention massive des gouvernements et des banques centrales

Face à un tel cataclysme économique, la nécessité d'une intervention puissante des gouvernements et des banques centrales était une évidence qui n'a guère souffert de contestation. La nature très particulière du choc, suspendant temporairement une grande partie de l'activité économique, a également induit une large convergence sur les objectifs à poursuivre. Dans un premier temps, il était vain d'essayer de limiter le ralentissement puisque le confinement imposait des contraintes physiques à l'activité économique, l'important était de protéger les entreprises pour limiter les faillites et soutenir le revenu des ménages qui étaient empêchés de travailler. L'aide aux entreprises est principalement passée par des reports et annulations de charges fiscales et de cotisations sociales, par le soutien à leur trésorerie au travers des mesures de politique monétaire, d'assouplissement des contraintes réglementaires et de prêts garantis par l'État, et dans certains cas par une prise de participation ou des nationalisations partielles. Quant au soutien aux ménages, plus disparate et hétérogène, il s'est essentiellement appuyé sur des transferts directs (de façon plus ou moins ciblée, les États-Unis les étendant par exemple à l'ensemble des ménages dont le revenu annuel était inférieur à 75 000 dollars), sur des mesures de subventionnement du chômage partiel (massives en Europe) ou d'extension de l'assurance chômage, voire sur des mesures d'assistance sociale. Dans un second temps, une fois passé la phase de confinement proprement dite, c'est la relance de l'économie qui est devenue la priorité, l'expérience montrant qu'elle n'est que progressive, risquant d'ajouter une dépression durable de la demande à la paralysie initiale de l'activité.

L'échelle des interventions budgétaires a été sans précédent : au mois de juin 2020, les mesures annoncées représentaient un total mondial de près de 11 000 milliards de dollars, correspondant pour moitié à des dépenses effectives ou à des recettes abandonnées, pour moitié à des prêts, garanties ou apports en capital, dont le coût effectif pour les budgets publics dépendra de la mesure dans laquelle les récipiendaires feront défaut [FMI, 2020]. Dans ces conditions, le FMI estime que la somme des déficits publics devrait atteindre 13,9 % du PIB au niveau mondial en 2020, un niveau sans précédent en temps de paix, plus de trois fois supérieur à celui de 2019 (3,9 %). Cette explosion des déficits, conditionnée de fait par la capacité d'intervention des États, est significativement plus marquée dans les économies avancées (16,6 % du PIB) que dans les économies émergentes (10,6 %) et les pays en développement à faible revenu (6,1 %).

Les banques centrales ont elles aussi pris des mesures exceptionnelles, aussi bien par leur ampleur que par leur nature, pour éviter une crise de liquidités, stabiliser les marchés et restaurer un minimum de confiance. En Chine, ces interventions ont pris des formes variées pour maintenir des taux bas et fournir des liquidités, mais elles sont restées relativement prudentes. La contagion en zone euro a rapidement concentré l'attention sur l'Italie, ajoutant aux inquiétudes sur la trésorerie des entreprises des craintes sur les conditions de financement de certains États membres. Le 12 mars, l'annonce par la BCE d'une extension de 120 milliards d'euros de son programme d'achat d'actifs et de mesures visant à faciliter le crédit, accompagnée d'une déclaration maladroite de sa présidente laissant planer un doute sur son engagement à limiter les écarts entre les taux sur les dettes des États membres, n'a pas réussi à dissiper ces craintes, au contraire ; pour y parvenir, la BCE a dû tenir en urgence une nouvelle réunion de son conseil le 18 mars, au terme de laquelle elle a notamment annoncé un nouveau programme d'achat d'actifs (*Pandemic Emergency Purchase Programme*, PEPP) de 750 milliards d'euros d'ici fin 2020, assorti d'assouplissements réglementaires permettant notamment de lever les contraintes pesant sur la répartition par pays et de diversifier les actifs concernés et de déclarations clarifiant la volonté de son conseil de faire plus si cela se révélait nécessaire pour restaurer la confiance. Ce programme a été porté à 1 350 milliards d'euros le 4 juin. L'échelle de ces interventions est massive, puisqu'elles ont fait passer le bilan de l'Eurosystème de 4 702 milliards d'euros le 6 mars à 6 322 milliards le 17 juillet, soit déjà près de 60 % du PIB de la zone euro.

L'intervention de la Réserve fédérale américaine a été plus radicale encore. Ayant précédemment fait savoir qu'elle augmenterait d'au moins 500 milliards de dollars ses détentions de bons du Trésor et de 200 milliards de dollars ses achats de titres adossés à des créances hypothécaires, elle annonçait le 23 mars qu'elle interviendrait sans limitation de montant, une première, pour restaurer un fonctionnement apaisé des marchés, tout en dévoilant des programmes d'achats de titres de dette d'entreprises, un pas qu'elle n'avait jamais franchi jusque-là. Illustrant une nouvelle fois son rôle de prêteur en dernier ressort dans la finance internationale, la Fed annonçait également la mise à disposition de lignes de swap pour quatorze banques centrales étrangères, leur garantissant un accès à la liquidité en dollars.

Ces interventions sont marquantes, parce qu'elles ont amené les banques centrales à tenir véritablement le marché à bout de bras, c'est-à-dire à soutenir son fonctionnement en jouant leur rôle traditionnel de prêteur en dernier ressort de façon très active (y compris avec une grande attention portée à l'accès effectif de petites et moyennes entreprises à la liquidité), mais également en allant plus loin pour assurer celui d'acheteur en dernier ressort. C'est seulement lorsque les banques centrales des économies avancées et émergentes ont annoncé un ensemble de mesures sans précédent, allant bien au-delà de celles mises en œuvre lors de la crise financière mondiale de 2008, que les marchés se sont stabilisés [BRI, 2020]. Début juin, les conditions du marché s'étaient améliorées au point de paraître à beaucoup déconnectées de l'économie réelle.

La réaction des échanges et des marchés internationaux

En perturbant gravement l'activité économique dans la plupart des pays, la crise sanitaire a évidemment bouleversé la situation commerciale internationale, les pays prenant des mesures de confinement voyant le volume de leurs échanges chuter de 10 % à 30 % dans la plupart des cas. L'impact sur les échanges mondiaux de marchandises, qui stagnaient déjà en volume depuis le début 2018, a donc été brutal et massif (graphique 1). Dans la mesure où le commerce international est généralement plus cyclique que le reste de l'activité, on aurait pu s'attendre à une chute

Graphique 1. **Indice mensuel du volume des échanges mondiaux de marchandises**
(2010 = 100)

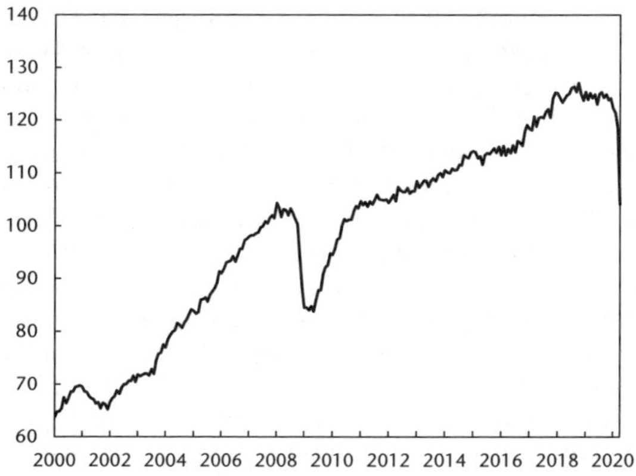

Note : la dernière observation est celle d'avril 2020.
Source : World Trade Monitor, Netherlands Bureau for Economic Policy Analysis (CPB).

plus marquée encore, mais cette crise est également atypique à cet égard, notamment parce qu'elle a très durement frappé des secteurs de services comme le tourisme, l'hôtellerie-restauration ou les spectacles, assez peu liés au commerce international de marchandises. D'après l'OMC, le volume du commerce mondial de marchandises avait régressé de 3,5 % au premier trimestre par rapport à son niveau de 2019, et cette baisse devrait atteindre 18,5 % au deuxième trimestre.

À l'automne 2008, les gouvernements des pays du G20 avaient réagi au contexte de crise aiguë par des déclarations affirmant leur volonté commune de coordonner leurs réponses et de rejeter le protectionnisme. Rien de tel cette fois-ci. Au contraire, c'est le caractère désordonné des réponses qui a été frappant, notamment au travers des multiples restrictions aux exportations mises en œuvre sur les produits utiles à la lutte contre la pandémie, qu'il s'agisse d'équipements de production (masques en particulier), de respirateurs artificiels ou de médicaments, et dans certains cas également sur les produits alimentaires. Fin avril 2020, environ quatre-vingts pays avaient pris de telles mesures, y compris au sein de l'UE.

Naturellement, le coup d'arrêt brutal aux échanges a eu des répercussions fortes sur les prix, tout particulièrement ceux des matières premières (graphique 2). Les produits alimentaires n'ont été que faiblement affectés, leur caractère de première nécessité préservant la demande. Pour les produits de base destinés à l'industrie, en revanche, le repli subit de la demande a provoqué une baisse des prix moyens de 13 % entre janvier et avril. Pour le pétrole, l'effondrement de la demande est survenu sur fond de désaccord entre grands pays producteurs, l'Arabie saoudite ne parvenant plus à convaincre ses partenaires au sein de l'OPEP+, notamment la Russie, de mettre en œuvre une limitation concertée de leur production. Dans ces conditions, l'Arabie saoudite a choisi de pousser sa production sans frein, précipitant une dégringolade spectaculaire : de près de 72 dollars le 6 janvier 2020, le prix du baril de Brent est passé à moins de 16 dollars le 22 avril, le prix de référence aux États-Unis passant même brièvement en territoire négatif [Mignon, 2020]. Même s'il peut paraître rocambolesque, cet épisode pourrait bien laisser une trace profonde sur le marché du pétrole, dans la mesure où la réaction saoudienne apparaît comme une tentative de reprendre la main dans la structuration du marché mondial. Si une telle chute de

Graphique 2. **Indices des prix des matières premières**
(2016 = 100)

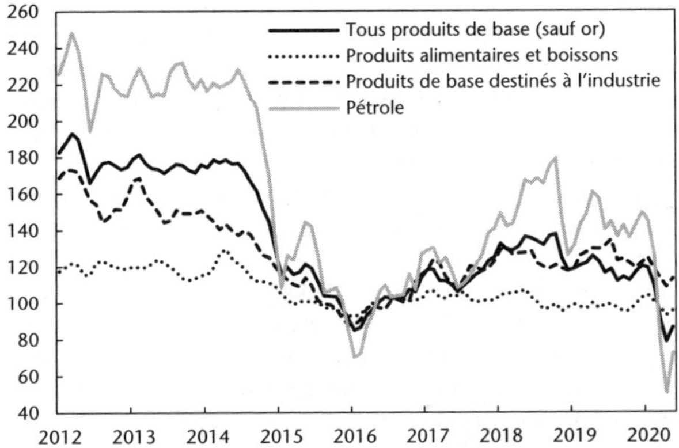

Note : indices de prix mesurés en dollars.

Source : FMI.

prix est extrêmement coûteuse pour tous les producteurs, elle est beaucoup plus facilement soutenable par l'Arabie saoudite grâce à ses coûts d'extraction très faibles et ses réserves immenses. Pour la Russie, les conséquences budgétaires seront nettement plus délicates à gérer ; pour beaucoup de producteurs américains de pétrole de schiste, c'est la faillite à court terme. En poussant sa production, l'Arabie saoudite semble avoir fait le pari que ses concurrents importants seraient soit emportés, soit contraints de se rallier à ses propositions de contrôle de l'offre. En somme, alors que l'OPEP ne contrôle aujourd'hui guère plus de 40 % de la production mondiale, il s'agit d'une tentative d'imposer une cartellisation de la production dans un cadre élargi.

Premier bilan et perspectives

Au début de l'été 2020, où sont écrites ces lignes, la situation sanitaire reste très incertaine. La pandémie semble sous contrôle fragile en Asie de l'Est, en Océanie et dans l'Union européenne, mais la situation reste inquiétante en Asie du Sud, au Moyen-Orient, en Afrique du Sud et dans les Amériques, tandis que l'évolution à venir en Afrique est très difficile à anticiper et que la menace d'une deuxième vague paraît réelle partout. Il est néanmoins possible de tirer un premier bilan économique de cette crise et, à défaut de prévisions précises, de formuler des scénarios pour la suite.

L'année 2020 sera désastreuse pour l'économie mondiale, cela ne fait pas de doute. Les institutions internationales chiffrent le taux de croissance mondial entre – 4 % et – 7,6 %, le FMI le prévoyant à – 4,9 %, après + 2,9 % en 2019. Cette chute de revenu est hors normes, la seule croissance négative au niveau mondial depuis quatre décennies ayant été enregistrée en 2009, à – 0,1 %.

Selon ces prévisions, plus de 90 % des pays subiraient une baisse de leur PIB par tête en 2020, mais les performances seraient très hétérogènes. La chute serait plus marquée dans les économies avancées (– 8,0 %), la zone euro et le Royaume-Uni étant les plus touchés (– 10,2 % dans les deux cas), les États-Unis se situant dans la moyenne. Le Japon, qui a évité un confinement strict généralisé, serait relativement épargné (– 5,8 %), de même que les autres économies avancées (– 4,8 %), qui incluent notamment la Corée du Sud, l'Australie, plusieurs pays européens hors zone euro et Singapour. Les économies émergentes et en développement verrait leur PIB chuter de 3,0 % dans l'ensemble, les plus touchés étant les pays d'Amérique latine (– 9,4 %), et dans une moindre mesure l'Arabie saoudite (– 6,8 %), la Russie (– 6,6 %) et l'Inde (– 4,5 %). L'Afrique subsaharienne afficherait une baisse moyenne de 3,2 %, tirée vers le bas par le Nigéria (– 5,4 %) et surtout l'Afrique du Sud (– 8,0 %). C'est finalement l'Asie de l'Est qui s'en sortirait le mieux, les grands pays de l'ASEAN limitant la perte à 2,0 % en moyenne, tandis que la Chine serait la seule grande économie à afficher une croissance positive, à 1,0 %.

Le choc sur l'emploi est massif. L'OCDE estime que le taux de chômage moyen parmi ses pays membres serait passé de 5,3 % à la fin 2019, son niveau le plus faible depuis cinquante ans, à près de 11,4 % en juin 2020, une hausse trois fois supérieure à celle subie à la suite de la crise financière mondiale de 2007-2008, et qui pourrait bien s'aggraver encore dans les mois qui viennent [OCDE, 2020b]. Encore ces pays sont-ils les mieux à même de mettre en œuvre des mesures de protection de l'emploi et d'atténuation de ses conséquences. La situation est plus dramatique encore dans les économies en développement, où le travail informel, très développé, est frappé de plein fouet. Le BIT estime ainsi que les travailleurs du secteur informel, 1,6 milliard au total, soit près de la moitié de la force de travail mondiale, sont exposés à un danger immédiat de perdre leur gagne-pain et que les premiers mois de crise ont fait chuter leurs revenus de 60 % en moyenne. Toutes catégories confondues, l'emploi mondial total mesuré en heures de travail aurait chuté de 10,5 % au cours du premier semestre 2020 [BIT, 2020]. Ces chiffres laissent entrevoir l'ampleur du choc, avec des conséquences dévastatrices sur les conditions de vie des plus démunis : d'après la Banque mondiale, la crise pourrait faire glisser 40 à 60 millions de personnes dans l'extrême pauvreté, définie comme un revenu inférieur à 1,9 dollar par jour [Lakner *et al.*, 2020].

À court terme, l'évolution dépendra de la rapidité avec laquelle les économies sortiront de cette ornière. L'hypothèse privilégiée pour l'instant est celle d'une sortie de crise « en profil d'aile d'oiseau », que le FMI retient à la fois pour les économies avancées, émergentes et en développement (graphique 3). Elle reflète un rebond relativement rapide de l'activité dans un premier temps, lorsque la sortie du confinement et le desserrement des contraintes de distanciation permettront de retrouver

Graphique 3. **Les prévisions du FMI sur l'évolution du PIB par groupe de pays**

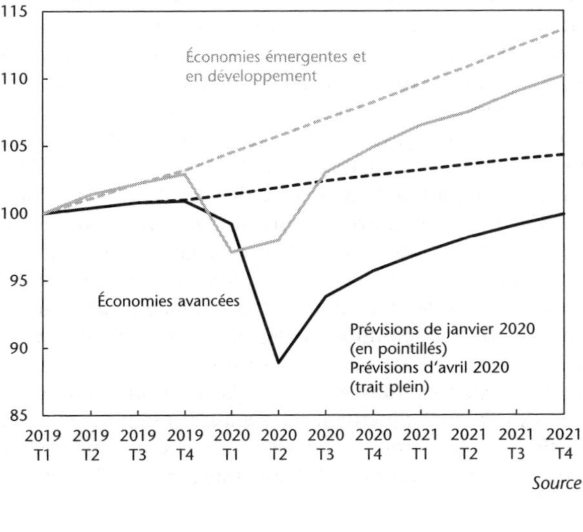

Source : FMI.

des conditions d'activité plus proches de la normale. La phase suivante de la récupération sera cependant plus lente, pour plusieurs raisons : d'abord, les mesures de distanciation physique et les opérations de dépistage, suivi, traçage et isolement (DSTI) seront les principaux instruments de lutte contre la diffusion du virus, et elles auront un impact négatif sur la productivité ; ensuite, la crise pourrait durablement peser sur le revenu disponible d'une partie des ménages, freinant la demande, et sur la santé des entreprises, pesant sur l'investissement. La capacité des économies à rebondir dépendra toutefois également de la solidité de leur secteur bancaire. Si les politiques volontaristes des banques centrales semblent prémunir les banques commerciales du risque d'illiquidité, la fragilisation d'un grand nombre d'entreprises pourrait dégrader dangereusement leur bilan et mettre en péril leur solvabilité, malgré l'importance des garanties apportées par les États sur les emprunts dans le cadre de la réponse à la crise [Couppey-Soubeyran *et al.*, 2020].

Le monde macroéconomique d'après

Reste la question de savoir quelles seront les perspectives de croissance à plus long terme, car cette crise laissera des traces profondes à plusieurs égards. D'abord sur la dette publique, dont le FMI estime qu'elle passera, au niveau mondial, de 83 % du PIB fin 2019 à 102 % un an plus tard. Dans les économies avancées, les banques centrales en détiennent d'ailleurs une partie importante, supérieure au quart dans quatorze pays de l'OCDE, et approchant la moitié au Japon [OCDE, 2020c]. Sur le tissu productif ensuite, avec de nombreuses défaillances d'entreprises (qui augmenteraient d'un tiers en 2020 dans le monde par rapport à l'année précédente, selon la COFACE) et un bilan très dégradé pour beaucoup d'autres, qui risque de peser durablement sur l'investissement. Le comportement des agents économiques pourrait également s'en trouver affecté : l'examen des épisodes historiques de pandémies montre ainsi que leurs effets macroéconomiques persistent en moyenne pendant quarante ans. Cette persistance résulte en particulier de taux d'intérêt déprimés, en raison d'une augmentation de l'aversion au risque et de l'épargne de précaution. À la différence des guerres, les pandémies, ne détruisant pas massivement du capital productif, n'ont pas d'effet stimulant sur l'investissement [Jordà *et al.*, 2020].

Ces stigmates pourraient bien renforcer la tendance à la stagnation séculaire qui s'affirme depuis la crise financière mondiale : en dépit de taux d'intérêt faibles, voire nuls ou négatifs, l'investissement ne parvient pas à absorber l'épargne privée, sur fond de demande atone, de pressions déflationnistes et de croissance poussive de la productivité. La chute spectaculaire des anticipations d'inflation observée aux États-Unis au mois de mars 2020, tout comme la baisse de l'inflation des prix de production en Chine à son plus bas niveau depuis quatre ans en avril, entre autres, suggèrent que ce risque est réel. Pour les économies avancées en particulier, le défi sera d'éviter un cercle vicieux de ralentissement, et les politiques de relance joueront un rôle central pour y répondre. En dépit du niveau élevé des dettes publiques, le niveau extrêmement bas des taux d'intérêt rend la charge de la dette tout à fait supportable, et souvent significativement inférieure à ce qu'elle était avant la crise financière mondiale. Ce contexte permet également de financer des politiques ambitieuses pour réparer le tissu productif et orienter l'investissement vers les immenses besoins créés par l'impératif urgent de lutte contre le changement climatique.

L'augmentation des dettes publiques et le gonflement des bilans des banques centrales posent malgré tout la question de savoir si un risque inflationniste n'est pas à craindre. Les mesures sanitaires nécessaires pour lutter contre la pandémie pourraient en outre peser sur la productivité, renchérissant la production, un effet qui pourrait être renforcé si la crise se traduisait par un repli protectionniste. Ce risque ne peut pas être complètement écarté, notamment si les banques centrales perdent leur crédibilité, mais les tendances observées jusqu'ici sur les anticipations de prix et les taux d'intérêt ne vont pas dans ce sens, et la flambée en cours des taux de chômage le rend improbable à court terme [Blanchard, 2020].

Ce contexte constitue un défi particulier pour l'Union européenne et plus spécifiquement la zone euro, étant donné le cadre macroéconomique particulier de la monnaie unique, et les contraintes budgétaires qui lui sont associées. Dans les années récentes, la succession de la crise financière puis de la crise des dettes souveraines a conféré un rôle décisif à la politique monétaire et à la BCE, seule institution fédérale d'importance de cette architecture. Ses interventions ont de nouveau été décisives au début de la pandémie, mais le déséquilibre par rapport à la faiblesse de la réponse budgétaire n'en est apparu que plus flagrant. Circonstance aggravante, les réactions confuses et non coordonnées à l'irruption de la pandémie, marquées notamment par la fermeture de nombreuses frontières au sein de l'espace Schengen et par des restrictions temporaires d'exportation de matériel médical, ont sonné comme un échec flagrant de l'édifice européen à faire preuve de solidarité dans une épreuve dramatique. En contestant la légitimité du précédent programme d'achats d'actifs de la BCE, la cour constitutionnelle allemande de Karlsruhe est venue rappeler, le 5 mai 2020, les limites de cette architecture déséquilibrée. Ce jugement n'est sans doute par pour rien dans la décision prise ensuite par la Commission européenne, sous l'impulsion de l'Allemagne et de la France, de proposer un plan de relance de 750 milliards d'euros, financé par l'émission de dettes communes, contractées par la Commission elle-même. Les modalités précises de ce plan restent à définir, mais il apparaît d'ores et déjà comme une étape importante, et peut-être durablement transformatrice, dans la gouvernance de l'Union européenne et de la zone euro.

Les sorts contrastés des économies émergentes face à l'augmentation de leur dette

Pour les économies émergentes, le défi principal consistera à éviter qu'une crise de la dette ne vienne s'ajouter à la crise économique et sociale qu'elles traversent déjà. Nombre d'entre elles dépendent des marchés internationaux pour le financement de leur économie, et la fuite massive de capitaux observée dans le mois qui a suivi le 20 février est venue rappeler la vulnérabilité que cela suppose. Entretemps, qui plus est, la crise a considérablement fragilisé la position d'une partie de leurs entreprises, tandis qu'elle augmentait l'endettement public, qui devrait passer de 52 % du PIB en moyenne en 2019 à 67 % en 2021 pour les économies émergentes et en développement prises dans leur ensemble, d'après le FMI. Le violent choc négatif subi par les exportations de matières premières et en particulier de pétrole, les remises de fonds des migrants et l'activité touristique, fragilise particulièrement les économies qui en sont étroitement dépendantes.

Depuis que la Fed est intervenue puissamment pour assurer la liquidité du marché financier américain, cependant, les capitaux ont commencé à refluer vers les marchés émergents ; son soutien au travers des lignes de *swaps* et de dispositifs de refinancement en dollars a par ailleurs conforté la capacité des banques centrales étrangères à assurer la liquidité en dollars sur leur propre marché. De façon remarquable, une douzaine de banques centrales d'économies émergentes se sont par ailleurs mises à pratiquer des politiques d'assouplissement quantitatif, qui avaient jusque-là été l'apanage des économies avancées. Les banques centrales de Pologne, des Philippines, d'Indonésie, d'Afrique du Sud ou de Turquie, entre autres, ont ainsi mis en œuvre des programmes d'achat de titres de dette souveraine, et parfois d'autres actifs, pour soutenir les marchés et l'activité économique. Leur capacité à faire face durablement à cette situation de crise reste à démontrer mais, ajoutées à de fortes baisses des taux d'intérêt, ces innovations montrent que certaines économies émergentes sont parvenues à dégager des marges de manœuvre importantes pour répondre à la situation de crise. Le contraste est frappant avec un grand nombre d'autres pays, plus fragiles, qui ont dû faire appel à l'aide d'urgence du FMI ou de la Banque mondiale : la situation des économies émergentes est aujourd'hui très hétérogène, entre celles parvenant à maintenir une stabilité financière et une solvabilité leur permettant de faire face à la crise dans de bonnes conditions, et celles que leurs fragilités risquent de précipiter dans un cercle vicieux d'endettement et d'instabilité.

Une crise qui fera date

Une crise aussi profonde que celle provoquée par la pandémie de Covid-19 laissera des traces durables, à la fois par ses effets directs sur les tissus productifs, les échanges et les relations internationales, mais aussi par les répercussions induites sur les comportements et les choix politiques. Il est trop tôt pour en faire le bilan complet, alors que la crise sanitaire elle-même n'est pas encore résolue et pourrait durer, mais elle apparaît déjà comme une étape transformatrice pour l'économie mondiale. Les défis à relever sont multiples, pour réparer les conséquences sociales de cette crise, mais aussi lutter enfin efficacement contre le changement climatique, dont la menace se fait toujours plus pressante. Les réponses qui y seront apportées conditionneront la trajectoire à venir pour longtemps.

Repères bibliographiques

AGLIETTA M. et KHANNICHE S. [2020], « La vulnérabilité du capitalisme financiarisé face au coronavirus », *La Lettre du CEPII*, n° 407, avril.

BARRO R. J. [2006], « Rare disasters and asset markets in the twentieth century », *The Quarterly Journal of Economics*, vol. 121, n° 3.

BIT [2020], *ILO Monitor. Covid-19 and the World of Work*, mise à jour du 29 avril.

BLANCHARD O. [2020], « High inflation is unlikely but not impossible in advanced economies », Blog du Peterson Institute for International Economics, 24 avril.

BRI [2020], *Annual Economic Report*, juin.

COUPPEY-SOUBEYRAN J., PEREGO E. et TRIPIER F. [2020], « Les banques européennes à l'épreuve de la crise du Covid-19 », *CEPII Policy Brief*, n° 32.

FMI [2020], *Mise à jour des perspectives de l'économie mondiale*, juin.

INSEE [2020], *Point de conjoncture*, 17 juin.

JORDÀ Ò., SINGH S. et TAYLOR A. [2020], « Longer-run economic consequences of pandemics », *Covid Economics*, n° 1, p. 1-15.

LAKNER C., MAHLER D. G., NEGRE M. et PRYDZ E. B. [2020], « How much does reducing inequality matter for global poverty ? », *Global Poverty Monitoring Technical Note*, n° 13, Banque mondiale.

MIGNON V. [2020], « On brade le pétrole ! », Blog du CEPII, 29 avril.

OCDE [2020a], *Evaluating the Initial Impact of Covid-19 Containment Measures on Economic Activity*, mise à jour du 10 juin.

— [2020b], *OECD Employment Outlook 2020. Worker Security and the Covid-19 Crisis.*

— [2020c], *Economic Outlook.*

ORTMANS A. et TRIPIER F. [2020], « Crise du Covid-19 : l'incertitude économique et financière aux États-Unis », Blog du CEPII, 21 avril.

II/ Les chaînes de valeur mondiales à l'épreuve de la crise sanitaire

*Sébastien Jean, Ariell Reshef et Gianluca Santoni**

Fin janvier 2020, lorsqu'il est apparu que les mesures de confinement prises par les autorités chinoises bloquaient largement la production du pays, il est très vite devenu évident que cette paralysie allait être contagieuse. Dès le 4 février, Hyundai, cinquième constructeur mondial, annonçait que la rupture d'approvisionnement des pièces et composants venant de Chine le contraignait à suspendre les opérations de ses usines en Corée, et l'inquiétude de répercussions similaires se répandait dans le monde entier, tandis que de nombreux industriels s'inquiétaient du tarissement de leurs débouchés en Chine. Lorsque la pandémie s'est abattue sur l'Europe, c'est la capacité à adapter la production de médicaments à cette circonstance exceptionnelle qui s'est révélée tributaire de la Chine, et aussi de l'Inde, puisque c'est de là que l'essentiel des principes actifs proviennent. Dans les deux cas, la crise du coronavirus mettait ainsi en évidence les interdépendances étroites entre des activités productives situées à différents endroits de la planète.

Ce constat n'a rien d'anecdotique. Au contraire, il est caractéristique d'une ère de la mondialisation, amorcée lorsque l'intensité des relations commerciales internationales, déjà grande dans les années 1980, s'est considérablement accrue entre le début des

* Sébastien Jean est directeur du CEPII, Ariell Reshef est conseiller scientifique au CEPII et Gianluca Santoni est économiste au CEPII.

années 1990 et la crise financière de 2007-2008, les exportations mondiales de marchandises passant de 18 % du PIB en 1993 à 30 % en 2008 (base Chelem-CEPII). Cette évolution ne reflète pas seulement des échanges de biens plus fréquents ou plus massifs, elle révèle également l'importance croissante de productions coordonnées à l'échelle internationale. C'est ce que recouvre le terme *chaîne de valeur mondiale*, utilisé pour désigner le fait que différentes étapes de production, réparties entre plusieurs pays, trouvent leur logique dans une étroite complémentarité, l'enchaînement des fabrications intermédiaires et des transformations débouchant sur un produit fini. Pour comprendre cette mondialisation des chaînes de valeur et l'importance qu'elles ont prise, il faut d'abord caractériser plus précisément le phénomène, avant d'en étudier les conséquences pour les différentes économies et pour les relations macroéconomiques.

Une organisation internationale de la production à grande échelle

Des relations commerciales plus intenses permettent une plus grande division du travail, c'est-à-dire une répartition des tâches entre les pays en fonction de leurs avantages comparatifs, selon le concept classique de David Ricardo, illustré par l'exemple du vin, produit au Portugal, et du drap, fabriqué en Angleterre, qui sont échangés au bénéfice des deux pays. Cette vision simplifiée de la production et du commerce n'a cependant jamais été tout à fait exacte : le drap tissé en Angleterre utilisait du coton importé des États-Unis, un exemple de commerce d'intrants intermédiaires. Le tissu anglais était ensuite exporté dans le monde entier, où il était souvent utilisé pour fabriquer des vêtements eux-mêmes revendus dans d'autres pays. Les chaînes de valeur sont internationales, voire mondiales, dans une certaine mesure, depuis longtemps.

Mais ce qui était une modalité de commerce parmi d'autres a pris une importance de premier plan lorsque l'intensification des échanges s'est accompagnée du développement à grande échelle d'une production internationale. Un marqueur spectaculaire de ce phénomène est le développement de l'investissement direct international : à l'échelle mondiale, le stock total d'investissements directs à l'étranger, inférieur à 10 % du PIB en 1990, approchait 30 % avant la crise et dépassait 40 % en 2019. La possession par une entreprise d'outils de production à l'étranger est devenue un fait majeur de la mondialisation.

Encore faut-il souligner que l'utilisation d'une filiale étrangère n'est qu'une modalité parmi d'autres d'organisation de la production à l'échelle internationale. Lorsque Apple fait assembler ses téléphones en Chine, par exemple, ce n'est pas une filiale qui s'en charge ; l'entreprise définit un cahier des charges très précis, qu'elle contrôle naturellement de près, et elle en confie la réalisation à des sous-traitants, le plus important et le plus connu d'entre eux étant l'entreprise taiwanaise Foxconn. À son tour, cet assemblage fait naturellement appel à une foule de sous-traitants pour fournir les différents composants, à tel point d'ailleurs qu'une étude estime que le travail d'assemblage réalisé en Chine ne comptait que pour environ 2 % dans la valeur totale d'un iPhone en 2010 [Kraemer *et al.*, 2011]. Une grande partie de la valeur avait été ajoutée dans des étapes précédentes, par exemple la fabrication de l'optique en Allemagne, celle de la puce mémoire en Corée ou celle de l'écran au Japon. Tout indique que cette part du travail chinois dans la valeur totale a significativement augmenté depuis, mais la logique générale reste la même.

Un tel éclatement international du processus de production peut prendre bien des formes, dont deux représentations canoniques permettent de mettre en valeur les logiques principales : la chaîne en forme de serpent désigne la transformation successive du même produit, par exemple lorsqu'un coton est traité dans un premier pays, puis tissé dans un deuxième et confectionné dans un troisième ; la chaîne en araignée désigne la convergence de composants venant de pays différents vers le pays d'assemblage, à l'exemple de ce qui vient d'être décrit pour l'iPhone. Naturellement, la pratique est presque toujours beaucoup plus complexe, mêlant ces deux logiques dans des processus impliquant un très grand nombre de fournisseurs — Renault, par exemple, évalue leur nombre total à 17 000.

Une telle complexité ne se prête pas à une mesure unique, mais une bonne façon de rendre compte de cette évolution est de mesurer, dans les exportations d'un pays donné, la valeur des intrants qui ont été eux-mêmes importés ; en quelque sorte, la proportion d'importations incorporées dans les exportations (on parle de *backward integration*, c'est-à-dire d'intégration amont dans les chaînes de valeur), autrement dit la part de la valeur des exportations qui trouve son origine à l'étranger et non dans le pays exportateur. Alors que différentes sources indiquent que cette proportion était relativement stable auparavant, elle est passée de 23 % en 1990 à 30 % en 2007 pour le monde dans son ensemble (graphique 1). La tendance à la hausse se retrouve dans toutes les grandes économies, cette proportion passant, par exemple, sur la même période de 26 % à 30 % en France, de 25 % à 35 % en Allemagne et de 8 % à 13 % aux États-Unis. Elle a pris une ampleur spectaculaire dans certains pays, comme la Chine (de 5 % à 18 %), la Hongrie (de 32 % à 53 %) ou la Pologne (de 14 % à 33 %). Mais, depuis la crise financière, le contenu en importations des exportations mondiales a diminué, même s'il n'est pas clair, jusqu'ici en tout cas, que cette évolution puisse être considérée comme une tendance durable, au-delà de cas spécifiques, parmi lesquels il faut souligner le recentrage de la Chine, pour laquelle cette proportion était redescendue à 14 % en 2015, en baisse de presque 5 points par rapport à son point haut de 2011.

Une autre façon d'appréhender le développement des chaînes de valeur est de mesurer la distance au consommateur final (*upstreamness*), définie comme le nombre d'étapes de production

Graphique 1. **Proportion des importations incorporées dans les exportations au niveau mondial**
(en %)

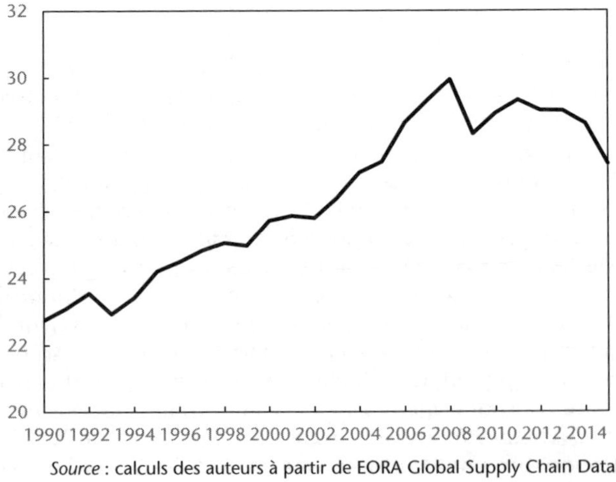

Source : calculs des auteurs à partir de EORA Global Supply Chain Database.

distinctes (c'est-à-dire mises en œuvre par un établissement distinct du précédent) par lesquelles le produit devra passer avant d'être vendu à son utilisateur final. Dans la chaîne de valeur, cette distance correspond au nombre de maillons qui séparent une étape de production donnée du bout de la chaîne. Elle vaut 1 pour la production d'un bien final. Sa valeur moyenne au niveau mondial, égale à 1,9 en 1995, atteignait 2,1 en 2014 (graphique 2). Cette augmentation, somme toute modérée en une vingtaine d'années, recouvre une évolution très contrastée entre les chaînes de valeur nationales, dont les différentes étapes de production restent au sein du même pays, et celles qui sont internationales : alors que l'augmentation de la distance moyenne au consommateur final est d'à peine 6 % entre 1995 et 2014 dans le premier cas, elle atteint près de 70 % dans le second.

Le développement des chaînes de valeur mondiales s'est donc traduit par leur allongement très sensible : de plus en plus, cette production internationale suppose des franchissements de frontière multiples. La motivation est de tirer profit au mieux des avantages comparatifs des différents pays. Au lieu de considérer le processus de production comme un tout et de se demander où le mettre en œuvre, un nombre croissant d'entreprises se sont posé la question séparément pour chaque étape de la production. C'est ainsi, par exemple, qu'une ceinture de sécurité pour une voiture produite aux États-Unis peut être issue de fibres fabriquées

Graphique 2. **Distance moyenne au consommateur final**

A. Nombre d'étapes de production distinctes par lesquelles le produit devra passer avant d'être vendu à son utilisateur final

B. Croissance du nombre d'étapes distinctes dans les chaînes de valeur nationales et internationales (1995 = 100)

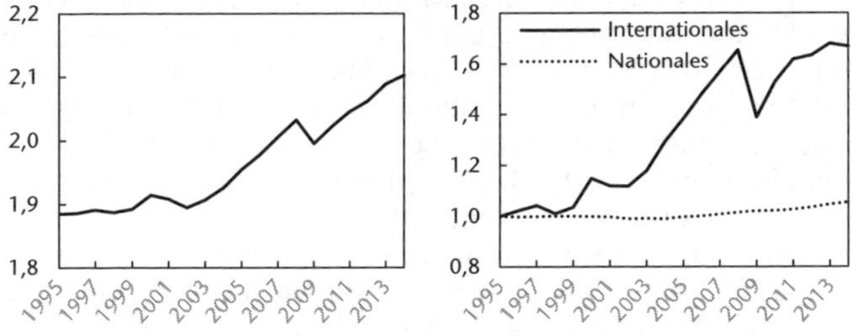

Source : calculs des auteurs à partir de World Input-Output Database (2013 et 2016).

au Mexique pour tirer profit du bas coût de la main-d'œuvre, tissées et teintes au Canada pour y bénéficier de l'abondance de l'eau, puis renvoyées au Mexique pour être cousues, avant d'être intégrées dans l'assemblage du véhicule aux États-Unis.

Des raisons politiques, technologiques et institutionnelles

La logique de la division internationale du travail est ainsi poussée plus loin qu'auparavant. L'opportunité d'une telle évolution n'a rien d'une évidence pour ceux qui la mettent en œuvre, puisque les gains issus de la meilleure utilisation des avantages comparatifs peuvent être contrebalancés par les coûts de transaction liés à tous ces transferts entre étapes de production et par les coûts de coordination occasionnés par la difficulté à gérer un processus devenant de plus en plus complexe. Mais si cette évolution s'est matérialisée à grande échelle, c'est bien qu'elle a permis aux entreprises qui la mettaient en œuvre d'abaisser leurs coûts de production. À cela trois raisons principales, liées aux évolutions des contextes politique, technologique et institutionnel entre le début des années 1990 et la crise financière mondiale de 2007-2008.

Politiquement, la fin de la guerre froide a ouvert une période de stabilité relative, marquée par la domination des États-Unis, la transition des pays de l'ancien bloc soviétique vers une économie de marché et l'ouverture de la Chine. En somme, un environnement apaisé et un élargissement considérable de l'économie de marché « utile » au niveau mondial pour les grandes entreprises des économies avancées.

Technologiquement, les progrès fulgurants des télécommunications, le développement d'Internet et des capacités de traitement de l'information ont drastiquement réduit les coûts de coordination distante, rendant possible le contrôle étroit, en temps réel, d'équipements et d'équipes situés dans des pays lointains. Une multinationale française ou américaine peut ainsi mettre en œuvre une organisation de la production dans des filiales lointaines proche de celle pratiquée dans son pays d'origine, et souvent même plus efficace.

Institutionnellement, enfin, les échanges ont été libéralisés par l'accord de Marrakech (1994), instituant l'OMC, mais aussi par la multiplication des accords bilatéraux de libre-échange et d'investissement. Au-delà, la plupart des pays se sont efforcés de limiter les obstacles à leur insertion potentielle dans ces chaînes de valeur, en adaptant leurs réglementations et parfois en créant des zones économiques spéciales bénéficiant d'un régime réglementaire extrêmement avantageux, un outil auquel la Chine a eu largement recours.

Le corollaire de cette exploitation toujours plus poussée de la division internationale du travail est la complexité de la gestion. L'éloignement des différentes étapes de production nécessite, en effet, de gérer une logistique complexe soumise à plusieurs réglementations nationales différentes et impliquant une grande variété de partenaires, ainsi qu'une coordination des pratiques productives aux différentes étapes du processus. Tirer profit de la mise en œuvre d'une chaîne de valeur mondiale suppose de pouvoir maîtriser cette complexité, ce qui n'est pas à la portée de toutes les entreprises et explique l'importance croissante des entreprises multinationales qui, à l'échelle mondiale, sont désormais à l'origine d'un tiers environ de la production et de la moitié du commerce international. Si l'augmentation de leur poids au cours du temps est difficile à mesurer de façon cohérente au niveau mondial, différents indices attestent de sa tendance croissante, comme par exemple la part des filiales étrangères dans les exportations mondiales, passée d'un quart environ en 2000 à un tiers en 2014 [Cadestin *et al.*, 2018].

Des répercussions macroéconomiques majeures

Ce développement de productions plus intégrées au niveau international bouleverse les mécanismes macroéconomiques à différents égards. Ainsi, l'intégration d'un nombre toujours plus important d'intrants étrangers dans les processus de production crée un lien plus étroit entre les niveaux d'inflation des différents pays, à la fois par l'intermédiaire des coûts des produits disponibles et *via* les pressions concurrentielles. Outre la rémunération des facteurs de production locaux, les coûts unitaires de production dépendent en effet directement des prix des intrants, si bien que l'inflation dans les pays fournisseurs devient un déterminant significatif de l'évolution des prix dans les pays intégrés aux chaînes de valeur mondiales [Auer *et al.*, 2019]. De surcroît, la mondialisation des chaînes de valeur crée une pression sur les prix intérieurs, parce que les fournisseurs locaux de pièces et composants se retrouvent en concurrence directe avec les importations. Cette influence se révèle en pratique plus forte encore que l'effet direct du prix des importations et son importance a augmenté au fil du temps avec l'intégration plus poussée des chaînes de valeur mondiales [Auer *et al.*, 2017]. En conséquence, la capacité des banques centrales à contrôler l'inflation indépendamment de leur environnement international s'érode : les facteurs monétaires purement locaux perdent de l'importance par rapport au contexte international, ce qui s'est traduit au cours des trois dernières décennies par une baisse synchrone des taux d'inflation dans le monde.

La relation entre fluctuations des taux de change et commerce se trouve elle aussi altérée par le développement des chaînes de valeur mondiales. Lorsque seuls des biens finals sont échangés, une dépréciation de la monnaie locale stimule les exportations et diminue la demande d'importations. Ce mécanisme perd de sa force dès lors que la production de biens exportés utilise une quantité importante d'intrants importés, parce qu'une dépréciation augmente leur prix en monnaie locale. Dans le même temps, ces intrants importés peuvent malgré tout voir leur demande augmenter, parce qu'elle est stimulée par l'accroissement de exportations. Au total, la sensibilité des flux de commerce au taux de change se trouve atténuée pour une économie largement insérée dans les chaînes de valeur mondiales.

S'agissant des soldes commerciaux, c'est leur mesure elle-même qui se trouve remise en question. L'exemple précédemment mentionné de l'iPhone montre bien pourquoi : chaque appareil exporté depuis la Chine vers les États-Unis était facturé à son prix départ usine de l'époque de 229 dollars, creusant d'autant le déficit bilatéral américain vis-à-vis de ce partenaire ; mais seulement 5 dollars environ finissaient dans des poches chinoises, le reste rémunérant du travail ou du capital situé dans d'autres pays (pour l'essentiel), ou servant à acheter des matières premières (pour un peu plus de 20 % du total, l'essentiel provenant de pays autres que la Chine) ; au passage, cette vente nécessitait l'achat en Chine des pièces et composants nécessaires à l'assemblage, ce qui pesait sur le solde commercial bilatéral de la Chine vis-à-vis des principaux fournisseurs que sont, par exemple, la Corée du Sud, le Japon ou les États-Unis eux-mêmes.

En somme, les exportations incorporant des montants significatifs d'importations, les soldes commerciaux peuvent être trompeurs, parce qu'ils ne rendent pas compte des flux induits sur les autres maillons de la chaîne de production. Tous partenaires confondus, les effets se compensent : un intrant importé intégré à un produit exporté ensuite est bien compté dans les deux sens, si bien que le solde commercial n'est pas affecté par la mondialisation des chaînes de valeur. Au niveau bilatéral, en revanche, ces enchaînements créent des effets d'optique liés à la superposition de deux logiques comptables bien distinctes : l'une, classiquement utilisée dans la mesure des flux commerciaux, fondée sur la valeur « brute » de la production vendue ; l'autre, à la base de la comptabilité nationale, identifiant la valeur ajoutée à chaque étape de production, « nette » des intrants [Johnson, 2014]. Évalué selon cette dernière logique, le déficit commercial des États-Unis vis-à-vis de la Chine serait inférieur d'environ un tiers en 2004 à ce que suggère la métrique habituelle, un écart ramené à un quart en 2014, la Chine devenant moins dépendante des approvisionnements étrangers. Réciproquement, le déficit commercial américain vis-à-vis du Japon devrait être revu à la hausse de presque 40 % en 2004 et d'environ 30 % en 2014. Lorsqu'une organisation régionale du travail est structurée de telle manière qu'un pays est plus fortement présent aux derniers stades de la production, comme c'est le cas de la Chine en Asie, les statistiques usuelles, fondées sur l'analyse de la valeur produite brute, surestiment son excédent commercial vis-à-vis des partenaires extérieurs à la zone par rapport à la réalité des flux de valeur ajoutée nette : les exportations de ce pays incorporent des pièces, composants et produits semi-finis provenant de ses voisins. Ces problèmes de mesure et les images déformées qu'ils impriment ont des répercussions importantes dans les perceptions et les débats, en risquant de focaliser excessivement les analyses des déséquilibres régionaux sur certains pays en particulier.

Une nouvelle donne pour les politiques de développement

Pour les pays en développement recevant les investissements directs des multinationales des pays les plus avancés, cette évolution change la donne. Plutôt que de devoir concevoir un ensemble de politiques publiques permettant d'espérer développer une filière industrielle dans son ensemble, un défi intimidant s'il en est, que peu de pays en développement ont réussi à relever, les chaînes de valeur mondiales offrent une alternative, consistant à convaincre une multinationale de localiser une partie de sa production dans le pays, ou à défaut de s'y fournir pour une catégorie de composants particuliers. Cette stratégie est beaucoup plus accessible, parce qu'elle permet de focaliser plus étroitement les efforts. Nul besoin, par exemple, de maîtriser l'ensemble des étapes de la production de smartphones, encore moins les technologies requises, pour devenir un des leaders mondiaux du secteur, comme y est parvenu le Vietnam en attirant sur son sol une multitude d'investissements étrangers et en devenant notamment la principale base de production de Samsung. Et nul besoin de faire un investissement marketing pour les vendre dans les économies développées. Il faut, en revanche, offrir aux investisseurs potentiels des infrastructures de transport adaptées, des droits de douane faibles, voire souvent nuls, pour les pièces et composants qui seront importés et un environnement réglementaire adapté.

Est-ce pour autant une alternative viable aux stratégies traditionnelles de développement ? Longtemps, la réponse à cette question a semblé douteuse, parce que cette voie présente elle aussi des inconvénients notables. Le premier est sans doute que les pays en développement se trouvent généralement dans une position de négociation relativement faible pour attirer les investissements d'entreprises riches et puissantes, qui n'ont que l'embarras du choix pour leurs implantations industrielles. Cela les amène souvent à accorder des régimes de faveur, dont les zones économiques spéciales ne sont que la manifestation la plus voyante et qui peuvent aussi bien concerner le régime douanier que le traitement fiscal, les subventions directes ou indirectes, voire l'acceptation de dommages environnementaux. Le risque est alors que le coût global de ces concessions ne dépasse les gains attendus de l'investissement.

Il n'y pas de réponse unique à cette question, qui nécessite d'ailleurs une approche multidimensionnelle prenant en compte les aspects sociaux, environnementaux et politiques. Néanmoins, la clé de la réussite de cette stratégie réside dans l'existence d'externalités sur le reste de l'économie : accueillir une multinationale, si elle réalise son activité en complète séparation du reste de l'économie sans que les entreprises nationales puissent en profiter pour s'améliorer, ne présente somme toute qu'un intérêt limité. Les études suggèrent toutefois que ce n'est pas le cas : une augmentation de 10 % du niveau de participation aux chaînes de valeur mondiales (mesurée par la proportion d'importations incorporées dans les exportations) augmenterait la productivité moyenne d'une économie de près de 1,6 % et le PIB par habitant de 11 % à 14 %, soit bien plus que les 2 % de gain de revenu résultant d'une augmentation comparable du commerce de produits entièrement fabriqués dans un pays [Banque mondiale, 2020]. En effet, les entreprises étrangères qui s'installent partagent nécessairement un peu de leur savoir-faire et de leurs technologies, non pas par volonté de transferts, qu'elles cherchent au contraire généralement à éviter par tous les moyens, mais par nécessité, entre autres pour pouvoir travailler avec leurs fournisseurs sur des bases mutuellement acceptables et pour disposer sur place d'une main-d'œuvre formée. Les chaînes de valeur mondiales améliorent également la variété, la qualité et souvent le prix des intrants intermédiaires disponibles dans le pays d'accueil, les multinationales ne pouvant généralement pas faire en sorte que leurs efforts pour améliorer leur approvisionnement ne profitent qu'à elles-mêmes.

De fait, les brillants succès des pays d'Europe centrale, de la Chine et de plusieurs économies d'Asie du Sud-Est ont largement étayé la capacité de l'insertion dans les chaînes de valeur mondiales à accélérer le développement industriel. La plupart des pays en développement cherchent désormais activement à y trouver leur place et la volonté d'y participer est devenue une motivation importante de baisse unilatérale de la protection douanière, qui résulte de fait pour moitié d'initiatives unilatérales des gouvernements [Bureau *et al.*, 2019]. Dans beaucoup de cas, l'amélioration des conditions d'importation fait désormais partie intégrante des stratégies de développement industriel élaborées par les gouvernements.

Des enjeux de partage des revenus dans les économies avancées

Les enjeux du développement des chaînes de valeur mondiales sont très différents pour les économies avancées, qui se retrouvent elles aussi fréquemment en position de participer à un processus de production coordonné par une multinationale étrangère, mais sont plus souvent encore le pays d'origine de l'entreprise multinationale. Ces évolutions ont fait ressurgir le débat, déjà très vif dans les années 1990, à propos de l'influence du commerce sur le marché du travail, avec deux différences majeures en toile de fond : l'importance croissante des exportations de marchandises des pays en développement, passées d'à peine plus d'un cinquième du total mondial en 1990 à près de la moitié en 2015 (d'après la base Chelem-CEPII, pour les marchandises hors énergie et extraction), et la polarisation croissante des marchés du travail des économies avancées, c'est-à-dire le déclin, dans les revenus, de la part relative des emplois offrant une rémunération intermédiaire, au profit de ceux situés en haut et en bas de la pyramide des salaires. La mise en évidence de l'importance des effets induits aux États-Unis par le choc concurrentiel issu de l'émergence de la Chine a de fait relancé ce débat, certains travaux concluant à une perte de plus de 800 000 emplois dans l'industrie, et 2 à 2,4 millions au total [Acemoglu *et al.*, 2016].

Aussi frappants soient-ils, ces résultats ne peuvent pas être étendus à l'ensemble des économies avancées, parce qu'ils s'inscrivent dans le contexte spécifique aux États-Unis d'un déficit commercial marqué et durable (passé de 1,9 % du PIB en 1990 à 4,6 % en moyenne depuis 2000), alors que d'autres pays, comme l'Allemagne ou le Japon, sont significativement excédentaires. Il reste que les chaînes de valeur mondiales ont permis une division internationale du travail toujours plus poussée, s'accompagnant de déplacements vers les pays à bas salaires des productions et souvent, plus spécifiquement, des tâches ou intrants les plus intensifs en main-d'œuvre. Ce phénomène, et notamment les exportations de biens intermédiaires inhérentes aux chaînes de valeur mondiales, ont significativement contribué à la baisse de la part du travail dans la valeur ajoutée aux États-Unis, en particulier pour le travail non qualifié [Reshef et Santoni, 2020a]. Dans la mesure où les tâches déplacées sont moins intensives en main-d'œuvre que le reste de la production nationale des pays à bas salaires en question, d'ailleurs, cette fragmentation des processus de production peut également être associée à une baisse de la part du travail dans la valeur ajoutée chez les deux partenaires.

Qui dit chaînes, dit interdépendances

Une autre conséquence logique de ce développement de processus de production coordonnés à l'échelle internationale est la création d'une interdépendance plus étroite, sur laquelle la pandémie de Covid-19 a jeté une lumière crue dès le mois de février 2020, lorsque les mesures de confinement prises en Chine ont suscité des inquiétudes à la fois sur de possibles ruptures d'approvisionnement (rapidement matérialisées dans l'industrie automobile coréenne, mais difficiles à observer en Europe, frappée elle-même peu après par la pandémie) et sur le tarissement du débouché chinois, marché d'exportation de premier importance pour de nombreux secteurs industriels.

Ces préoccupations résultent d'une double dépendance internationale. La première, du côté de l'offre *via* l'approvisionnement en intrants, peut être mesurée en rapportant la valeur des importations de produits intermédiaires à celle du PIB. La seconde, par la demande *via* l'utilisation à l'étranger d'intrants produits sur le sol national, peut être évaluée par la part de la rémunération des facteurs de production nationaux valorisée dans un processus de production finalisé à l'étranger (par exemple, parce qu'un travailleur français est payé pour fabriquer un carburateur qui sera vendu à un constructeur automobile allemand). Soulignons que ces deux mesures sont spécifiques aux chaînes de valeur mondiales, dans la mesure où elles sont exclusivement liées aux échanges de produits intermédiaires, sans prendre en compte le commerce de produits finis.

Évaluée par la moyenne de ces deux mesures de dépendance, la tendance d'ensemble est marquée par une augmentation significative entre 1990 et 2008, puis une stagnation et dans certains cas un léger repli depuis (graphique 3). Elle montre également que cette dépendance par les chaînes de valeur est nettement plus marquée pour l'Union européenne que pour les grandes économies d'Asie, et *a fortiori* que pour le reste du monde.

Les chiffres pour quatre grands pays, en distinguant pour chacun la dépendance par les chaînes de valeur à l'offre et à la demande étrangères d'intrants, confirment ce constat (tableau 1). Ils montrent également le niveau particulièrement élevé de dépendance atteint par l'Allemagne (15,7 % par l'offre, 19,5 % par la demande). Les chiffres pour la France (13,6 % et 12 %, respectivement) peuvent sembler peu élevés au regard de l'importance communément accordée à cette question. L'explication tient au fait que cette dépendance (qui s'ajoute à celle par les échanges de produits finis, rappelons-le) est d'abord et avant tout le fait de l'industrie, dont la part dans le PIB est relativement

Graphique 3. **Degré de dépendance aux chaînes de valeur mondiales en Europe, en Asie et dans le reste du monde**

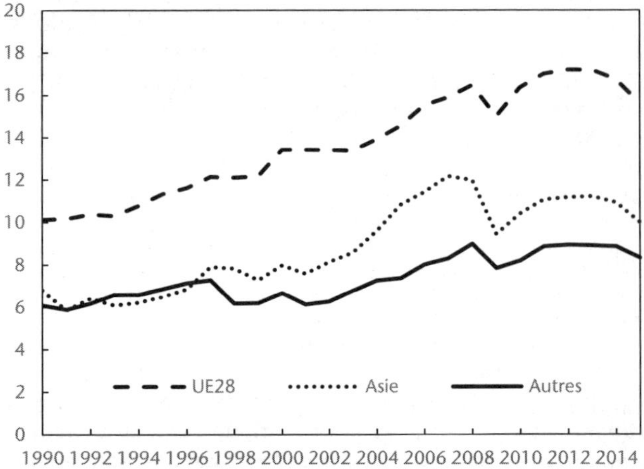

Notes : le degré de dépendance aux chaînes de valeur mondiales est calculé comme la moyenne de la valeur des importations de produits intermédiaires en proportion du PIB (dépendance à l'offre étrangère) et de la part dans le PIB de la rémunération des facteurs de production nationaux valorisée dans un processus de production finalisé à l'étranger (dépendance à la demande étrangère).
La zone Asie inclut la Chine, l'Inde, le Japon, la Corée du Sud et Taiwan.

Source : calculs des auteurs à partir de la base EORA, pour les 39 pays de World Input-Output Database.

faible (14,4 % en 2014) : pour ce seul secteur, le niveau de dépendance se situe autour de 30 % dans ses deux dimensions.

La crise du coronavirus a rappelé qu'une telle dépendance n'est pas sans conséquences. Pour les entreprises, elle diminue leur exposition à des chocs exclusivement nationaux, mais elle pose la question de leur vulnérabilité aux chocs affectant des pays partenaires ainsi qu'aux perturbations des transports internationaux et des conditions légales et institutionnelles dans lesquelles les flux de marchandises peuvent circuler. Alors que les tensions commerciales internationales s'exacerbent et que l'on peut se demander dans quelle mesure cette crise sanitaire peut en préfigurer d'autres, ce constat amène à considérer attentivement la nature des arbitrages réalisés entre optimisation des coûts et vulnérabilité des chaînes de valeur.

Tableau 1. **Dépendances par les chaînes de valeur à l'offre et à la demande étrangères**

	Dépendance à l'offre		Dépendance à la demande	
	1995	2014	1995	2014
France	10,0	13,6	10,5	12,0
États-Unis	4,9	7,1	5,5	6,4
Chine	10,9	11,3	8,0	10,1
Allemagne	9,1	15,7	10,7	19,5

Note : la dépendance de la production à l'offre étrangère est mesurée en rapportant la valeur des importations de produits intermédiaires à celle du PIB. La dépendance de la production à la demande étrangère correspond à la part du PIB valorisée dans un processus de production finalisé à l'étranger.

Source : calculs des auteurs à partir de World Input-Output Database.

Pour les États, la réalisation du degré de dépendance à la Chine et à d'autres fournisseurs éloignés a sonné comme un rappel à de dures réalités. Pour se fournir en équipements de protection (masques notamment), mais aussi pour se procurer les principes actifs indispensables à l'augmentation de leur production de certains médicaments essentiels, ils se retrouvaient ainsi tributaires de pays éloignés géographiquement et parfois politiquement. Une situation qui rappelle que, pour de tels produits indispensables à l'exercice par l'État de ses missions régaliennes, au même titre que les produits alimentaires, les matériels de défense et désormais les infrastructures numériques, la dépendance doit être contrôlée. À l'heure où l'Union européenne affiche sa volonté d'affirmer son autonomie stratégique, c'est un défi de taille.

Que l'on y voie un moteur de développement et d'innovation ou une dérive lourde de menaces, l'essor des chaînes de valeur mondiales est la signature peut-être la plus marquante des transformations économiques des trois dernières décennies, qui ont ouvert une nouvelle ère de la mondialisation. La déflagration économique provoquée par la crise sanitaire a jeté une lumière crue sur les interdépendances qui en résultent, dont ce chapitre vient d'essayer de montrer qu'elles sont inséparables d'une évolution structurante pour les relations macroéconomiques internationales, les politiques de développement et la répartition des revenus. Ce constat dérange, à l'heure où les relations continuent de se dégrader entre les États-Unis et la Chine, tandis que les tensions internationales amènent les Européens à afficher plus clairement leur volonté d'autonomie stratégique. Il est trop tôt pour savoir quel impact concret la pandémie de Covid-19 aura sur l'organisation internationale des chaînes de valeur ; mais il est d'ores et déjà clair que le regard porté sur les coûts et bénéfices des choix en la matière s'en trouvera significativement et durablement modifié. L'ère des chaînes de valeur mondiales n'est sans doute pas terminée, mais cette crise l'a fait entrer dans une phase nouvelle.

Repères bibliographiques

ACEMOGLU D., AUTOR D., DORN D., HANSON G. H. et PRICE B. [2016], « Import competition and the great US employment sag of the 2000s », *Journal of Labor Economics*, vol. 34, n° S1, p. S141-S198.

AUER R., BORIO C. et FILARDO A. [2017], « The globalisation of inflation : the growing importance of global value chains », *BIS Working Papers*, n° 602, janvier.

AUER R., LEVCHENKO A. et SAURÉ P. [2019], « International inflation spillovers through input linkages », *Review of Economics and Statistics*, vol. 101, n° 3, p. 507-521.

BANQUE MONDIALE [2020], *Rapport sur le développement dans le monde 2020*, Banque mondiale, Washington, DC.

BUREAU J.-C., GUIMBARD H. et JEAN S. [2019], « Competing liberalizations : tariffs and trade in the twenty-first century », *Review of World Economics*, vol. 155, n° 4, p. 707-753.

CADESTIN C., BACKER K. D., DESNOYERS-JAMES I., MIROUDOT S., YE M. et RIGO D. [2018], « Multinational enterprises and global value chains : new insights on the trade-investment nexus », *Technical Report*, OCDE, mars.

JOHNSON R. C. [2014], « Five facts about value-added exports and implications for macroeconomics and trade research », *Journal of Economic Perspectives*, vol. 28, n° 2, p. 119-142.

KRAEMER K. L., LINDEN G. et DEDRICK J. [2011], « Capturing value in global networks : Apple's iPad and iPhone », mimeo.

RESHEF A. et SANTONI G. [2020a], « La fragmentation des chaînes de production a changé le partage de la valeur ajoutée », *La Lettre du CEPII*, n° 406, mars.

— [2020b], « Dépendances à l'offre et à la demande étrangères dans le contexte de la crise sanitaire », *La Lettre du CEPII*, n° 409, juin.

III/ Désindustrialisation (accélérée) : le rôle des politiques macroéconomiques

*François Geerolf et Thomas Grjebine**

La crise du Covid-19 a mis en lumière la dépendance de la France aux importations et à la production industrielle étrangère, notamment pour les médicaments, les tests, les masques ou les respirateurs. Le problème n'est pas, d'un point de vue économique, que la France ne produise pas des biens à faible valeur ajoutée comme les masques, dans lesquels elle n'a pas intérêt à se spécialiser. Le problème n'est pas non plus réductible au fonctionnement des chaînes de valeur mondiales qui impliquent un processus de production fragmenté au niveau international. Ce que révèle plutôt au grand jour cette crise, c'est la désindustrialisation accélérée que connaît la France depuis vingt ans et ses déséquilibres commerciaux persistants.

Pourtant, pour beaucoup d'économistes, la taille du secteur industriel et les déficits commerciaux ne sont pas des problèmes en soi. Ils s'accordent généralement pour critiquer le « fétichisme industriel » des politiques qu'ils attribuent à un colbertisme d'un autre temps, voire à de vieux restes de mercantilisme. Les économistes néoclassiques considèrent ainsi les déficits extérieurs plutôt comme une opportunité, en ce qu'ils permettent à un pays de consommer plus que ce qu'il produit, et d'investir au-delà de son épargne nationale. Les néokeynésiens, quant à eux, sont d'avis que les déséquilibres extérieurs ne peuvent être un

* François Geerolf est professeur assistant à l'université de Californie, Los Angeles (UCLA) et Thomas Grjebine est économiste au CEPII.

problème qu'à très court terme lié à un ajustement insuffisant des prix et des salaires.

Mais ces analyses négligent le fait que déficits extérieurs persistants et désindustrialisation accélérée sont intimement liés. Surtout, elles reposent sur des modèles théoriques largement invalidés empiriquement. Contrairement à ce que supposent ces modèles, les politiques macroéconomiques ont des effets importants à long terme sur les déficits commerciaux et la compétitivité industrielle, non pas en raison d'un ajustement insuffisant des salaires, mais du fait des conséquences de ces politiques sur la demande agrégée. C'est ainsi que les politiques de compression de la demande menées en Allemagne depuis vingt ans permettent d'expliquer largement ses surplus commerciaux et son succès industriel. Dans un contexte post-Covid-19, le dilemme de John Maynard Keynes et le caractère mercantiliste de certaines de ses analyses sont plus que jamais d'actualité : les politiques de relance, bien que souhaitables, ne sont pas sans conséquence sur le solde commercial et la compétitivité industrielle.

Le danger de déficits extérieurs persistants : une accélération de la désindustrialisation

La désindustrialisation concerne tous les pays avancés : elle résulte en grande partie du progrès technique, des gains de productivité dans le secteur industriel, et d'une transition nécessaire vers une économie de services. Ces évolutions vers moins d'emplois dans l'industrie et davantage dans les services sont en partie inéluctables. En revanche, le rythme auquel cette désindustrialisation se produit est très différent d'un pays à l'autre. Ainsi, la France a connu une désindustrialisation particulièrement accélérée, avec une part de l'industrie dans la valeur ajoutée passée de 17,5 % en 1995 à 11 % en 2019, tandis qu'elle restait constante à 23 % en Allemagne.

Comment expliquer ces évolutions contrastées ? La désindustrialisation accélérée est très liée aux déficits extérieurs persistants et la relation est quasi mécanique. Précisons que nous utiliserons de manière indifférenciée les notions de déficit extérieur, commercial ou courant, car les variations de la balance courante reflètent le plus souvent celles de la balance commerciale. Pour comprendre cette relation entre désindustrialisation accélérée et déficits extérieurs, il faut tenir compte du fait que les variations de la balance des biens expliquent largement celles de la balance commerciale. En France, par exemple, la balance des services est excédentaire depuis les années 1990, autour de 1 % du PIB. Les fluctuations de la balance commerciale proviennent ainsi quasi exclusivement des variations de la balance des biens. Et, parmi les biens, le solde manufacturier connaît en France une dégradation forte et quasi continue depuis 1997 (de + 0,3 % du PIB à – 2 % du PIB en 2019), expliquant près de la moitié de la forte dégradation du solde commercial sur la période (de + 3 % à – 1 % du PIB). Or, pour un niveau de demande interne de biens manufacturés donné, un déficit de la balance des biens manufacturés conduit à diminuer la production, en la remplaçant par des importations. Par conséquent, un déficit de la balance des biens manufacturés diminue de façon mécanique la production de biens pour une demande donnée. Lorsque ce déficit augmente (ou que le solde commercial se dégrade), la production de biens diminue encore (par rapport à la situation antérieure où le solde commercial était moins dégradé), ce qui amène à la désindustrialisation. On comprend ainsi qu'un déficit de la balance des biens persistant (et donc de la balance commerciale) entraîne quasi mécaniquement une accélération de la désindustrialisation (voir Benigno *et al.* [2015] pour des illustrations de cette relation).

En pratique, la relation entre déficit et désindustrialisation s'observe le plus souvent à l'occasion de politiques de relance. Dans ce cas, les importations augmentent car une partie de la demande est satisfaite par l'étranger (selon un effet revenu qui concerne surtout les biens car ils sont plus échangés) et ce d'autant plus que l'appareil productif est incapable de répondre à ce surplus de demande (du fait de la désindustrialisation). Les importations augmentent aussi parce que la relance se traduit par une appréciation du taux de change réel, du fait d'une hausse de l'inflation en changes fixes ou d'une appréciation du taux de change nominal en changes flexibles [Geerolf, 2019], qui rend les importations moins onéreuses. L'appréciation du taux de change réel conduit également à une réduction des exportations, devenues moins compétitives. Augmentation des importations et baisse des exportations se traduisent ainsi par un « report » de la production domestique vers l'étranger et donc à une réorientation de l'activité domestique vers les services (désindustrialisation).

Des déficits extérieurs persistants accentuent donc la désindustrialisation. Mais la désindustrialisation est-elle pour autant un problème ? Commençons par préciser que certains services exposés à la concurrence internationale comme les services financiers ou les technologies de l'information et de la communication, deux secteurs à forte valeur ajoutée, ont des caractéristiques qui les rapprochent du secteur industriel, notamment pour ce qui concerne leurs gains de productivité. En revanche, les emplois y sont beaucoup plus qualifiés que les emplois industriels (en France, 50 % des salariés du secteur manufacturier sont sans diplôme d'études secondaires contre seulement 25 % dans les services exposés). Du fait notamment de cette différence de qualification, les emplois dans les services marchands à forte valeur ajoutée ne sont pas complètement substituables aux emplois industriels, et les mérites propres du secteur manufacturier méritent d'être précisés.

Tout d'abord, le secteur industriel connaît des gains de productivité plus importants en moyenne que l'ensemble du secteur des services. Au cours des trente dernières années, la croissance de la productivité du travail dans les pays de l'OCDE a été en moyenne de 3 % par an dans le secteur manufacturier contre 1,3 % dans les services marchands selon l'OCDE. Si la croissance de la productivité manufacturière a décliné ces dernières années, la productivité dans ce secteur reste encore 40 % plus élevée que dans les services. Les salaires sont également plus hauts, notamment pour les non-qualifiés : en France, un ouvrier non qualifié dans le secteur automobile a un salaire annuel brut supérieur de 20 % à un salarié non qualifié dans la restauration, selon l'Insee. C'est le cas plus généralement des secteurs exposés à la concurrence internationale qui offrent à la fois des productivités plus fortes et des salaires plus élevés. En 2015, le salaire annuel brut des emplois exposés était en moyenne supérieur de 27 % à celui des emplois abrités, sans que cet écart reflète une différence dans les structures de qualifications, très similaires entre les deux secteurs [Frocrain et Giraud, 2018]. Les emplois industriels sont également moins précaires que les emplois de services. En 2017, la part des salariés ayant signé un CDI était de 44 % dans l'industrie contre 28 % dans le tertiaire. Le secteur industriel donne ainsi à la classe moyenne des emplois à la fois mieux payés et plus stables.

Ensuite, le développement de l'industrie a un effet d'entraînement sur l'activité locale (sous-traitants, services, restaurants, etc.) qui se traduit par un effet multiplicateur sur l'emploi local.

Ainsi, selon Frocrain et Giraud [2018], pour 100 emplois exposés créés dans une zone d'emploi en France, 80 emplois abrités le sont dans la même zone. Aux États-Unis, des multiplicateurs plus élevés ont été mis en évidence par Moretti [2010] : chaque emploi créé dans le secteur manufacturier d'une ville permet d'en créer 1,6 dans le secteur non échangeable de la même ville.

L'industrie ne stimule pas seulement les secteurs des services, elle peut aussi avoir un effet multiplicateur important sur le reste de l'économie, en particulier *via* les consommations intermédiaires de produits manufacturiers. La construction aéronautique et la construction automobile sont ainsi deux secteurs qui ont un effet d'entraînement marqué sur le reste de l'industrie, notamment *via* les chaînes de sous-traitants. Selon l'Insee, lorsque le secteur aéronautique ou automobile produit une unité de valeur ajoutée, il engendre, *via* les consommations intermédiaires produites en France, plus de 4 unités de valeur ajoutée. Ce multiplicateur tombe à 1,5 pour le secteur du commerce et des services [Insee, 2012]. Par ailleurs, l'industrie concentrait, en 2011, 76,5 % de la dépense intérieure de recherche et développement des entreprises, dépense qui constitue l'un des principaux déterminants des gains de productivité globale et de la croissance de long terme.

Enfin, les conséquences délétères d'une désindustrialisation accélérée sont multiples, aussi bien du point de vue économique, social que politique. Les travaux des économistes David Autor, David Dorn et Gordon Hanson ont ainsi montré que les régions nouvellement désindustrialisées aux États-Unis avaient connu des baisses significatives de niveau de vie affectant en particulier les salariés les moins qualifiés, une mortalité fortement accrue des jeunes adultes, une très forte augmentation de l'inactivité, une diminution des mariages et de la fertilité, une hausse de la part des enfants vivant sous le seuil de pauvreté, et enfin une augmentation du vote populiste, en particulier pour Donald Trump [Autor *et al.*, 2016].

De l'indifférence néoclassique au néomercantilisme keynésien

Si la désindustrialisation est un problème et qu'elle est liée aux déficits commerciaux, que dit la théorie économique sur ce qui détermine ces déficits et leurs conséquences ? Selon la vision néoclassique, les déficits extérieurs ne sont pas un problème en soi, puisqu'ils proviennent des comportements d'épargne ou d'emprunt des agents économiques. Les dynamiques de la balance courante s'expliquent ainsi par un comportement d'optimisation intertemporelle : un pays a un excédent courant parce qu'il fait le choix d'épargner aujourd'hui pour pouvoir consommer davantage demain. C'est ainsi qu'on explique souvent le surplus courant allemand par une épargne importante des ménages venant du vieillissement de la population. Selon cette approche, un pays qui a un excédent aujourd'hui aura donc demain un solde courant déficitaire. Un autre facteur qui peut, selon cette théorie, expliquer des déficits courants importants est la présence d'opportunités d'investissement. Après les nombreuses crises de balance des paiements, les économistes néoclassiques ont été amenés à distinguer entre les « bons déficits », ceux qui financent l'investissement productif, et les « mauvais déficits », qui ne permettent pas de rembourser les créanciers.

Paradoxalement, ces modèles ne s'intéressent pas à l'effet dynamique des déficits sur les structures de production alors même que la capacité d'un pays à rembourser sa dette extérieure dépend de sa capacité à dégager des excédents courants. Or, si cette capacité a été entamée par les déficits parce que leur contrepartie a servi à financer les activités du secteur abrité, le rééquilibrage ne peut s'opérer que par une compression des importations, un processus douloureux, qui se traduit par une réduction du niveau de vie.

Une variante des modèles purement néoclassiques s'est imposée en macroéconomie. Les modèles néokeynésiens qui n'ont de keynésien que le fait qu'à court terme la demande peut devoir être stimulée, mais pour une raison en rien keynésienne : la rigidité des prix ou des salaires. À long terme, l'économie redevient néoclassique au sens où les prix sont flexibles et donc rien n'empêche l'équilibre entre offre et demande. Dans la mesure où la « friction » empêchant l'équilibre de l'offre et de la demande est la rigidité des prix ou des salaires, les politiques économiques doivent viser des hausses ou des baisses de prix pour retrouver l'équilibre. C'est d'ailleurs ce que met en avant le rapport 2019 du Conseil national de productivité : « L'ajustement des déséquilibres en zone euro ne pouvant plus se faire par les taux de change nominaux, il doit passer par une baisse des prix et des salaires des pays en déficit ou proches de l'équilibre ou par une hausse des prix et des salaires des pays en fort excédent. »

Le problème est que les hypothèses sur lesquelles reposent ces modèles ne résistent pas aux études empiriques. Tout d'abord, pour expliquer les déséquilibres courants, les modèles néokeynésiens supposent une forte sensibilité des exportations au coût du travail. Or cette élasticité est très faible d'après les études empiriques. C'est d'ailleurs pour cela que les évaluations du CICE mesurent un effet nul de cette mesure sur les exportations [Mayer et Malgouyres, 2018]. Surtout, dans les modèles néokeynésiens, les déséquilibres courants proviennent uniquement de l'impossibilité pour l'économie de réaliser des ajustements nominaux. Or aucune étude empirique n'a été en mesure de mettre en évidence une fixité des prix au-delà d'un an. Les déséquilibres ne pourraient donc s'expliquer dans ce cadre qu'à très court terme. On observe pourtant des déficits ou des excédents courants qui s'accumulent sur des dizaines d'années (Japon, États-Unis, Allemagne...). Cette persistance des déséquilibres extérieurs ne peut donc pas s'expliquer par les mécanismes d'ajustements nominaux de court terme des modèles néokeynésiens. Et, à plus long terme, dans le cadre néoclassique, on l'a vu, l'idée selon laquelle on épargne aujourd'hui pour consommer davantage demain entre aussi en contradiction avec la persistance des déséquilibres extérieurs.

Contrairement à ce qu'enseignent les théories néoclassiques ou néokeynésiennes, il existe en pratique de fortes interactions entre politiques macroéconomiques, déséquilibres extérieurs et phénomène de désindustrialisation. Ces interactions n'ont pas toujours été ignorées : elles étaient centrales pour Keynes, en particulier *via* le rôle de la demande agrégée. Dans une économie ouverte, un arbitrage existe, en effet, entre relance de la demande et déficit commercial (et donc préservation du tissu industriel). Car une partie de la demande additionnelle créée par une relance fiscale unilatérale se dirige vers l'extérieur et augmente ainsi les importations et, avec elles, le déficit extérieur. C'est ce à quoi la relance de François Mitterrand en 1981 avait conduit, nécessitant trois dévaluations successives du franc pour rétablir la compétitivité. Une partie des gains de pouvoir d'achat s'était, en effet, reportée sur l'achat d'automobiles allemandes et japonaises. Ce danger des politiques de relance non coordonnées avait été anticipé par Keynes qui, dès 1931, soulignait : « Une politique d'expansion, bien que désirable, ne peut être appliquée aujourd'hui sans risque, si elle ne s'accompagne pas d'autres mesures qui en neutralisent les dangers » [Keynes, 1931]. Le danger était pour lui d'alourdir le déficit commercial et il recommandait une dose de protectionnisme pour le neutraliser.

Bien entendu, Keynes était aussi conscient des risques d'escalade qu'une montée du protectionnisme pouvait entraîner : si, à l'échelle d'un pays, un tarif douanier peut contribuer à la réduction du chômage, une montée du protectionnisme à l'échelle mondiale conduirait à un jeu à somme négative. Il s'agissait selon lui néanmoins d'une solution bien moins coûteuse en emplois qu'une baisse des salaires, alternative défendue déjà à l'époque pour réduire le chômage et sauver l'industrie britannique. Keynes était également très inquiet de la désindustrialisation. Il soulignait le risque d'« abandonner toute industrie incapable, pour le moment, de survivre » et, pour l'éviter, il préconisait de protéger les industries automobiles, du fer et de l'acier. L'industrie était en effet considérée comme indispensable à la prospérité et à la puissance britanniques, sa préservation étant même qualifiée d'« intérêt permanent d'une nation » [Keynes, 1930].

La difficulté de cet arbitrage entre relance de la demande et désindustrialisation est accentuée par le fait que les effets d'une relance ne jouent pas seulement à court terme, contrairement à ce que postulent les modèles néokeynésiens. Ces modèles, parce que la demande ne joue qu'à court terme avant que les prix ne s'ajustent et que l'activité n'y soit plus déterminée que par l'offre, ne peuvent par construction envisager que les politiques macroéconomiques aient des effets à long terme sur la demande et l'activité. Or l'austérité en Europe en 2011-2013, par exemple, a abouti à une baisse du niveau du PIB par tête permanente par rapport aux États-Unis (graphique 1). Une évolution dont ne peut rendre compte un modèle néokeynésien dans lequel la baisse du PIB européen en 2011-2013 aurait dû être suivie d'une accélération de la croissance afin que le PIB par tête rejoigne sa trajectoire de long terme.

En outre, dans ces modèles, l'insuffisance de la demande ne peut être que passagère et liée uniquement à la fixité des prix. Or cette insuffisance de la demande peut être durable et par conséquent avoir des effets permanents sur l'activité. C'est ce

Graphique 1. **PIB par tête aux États-Unis et dans la zone euro**
(base 100 en 2007)

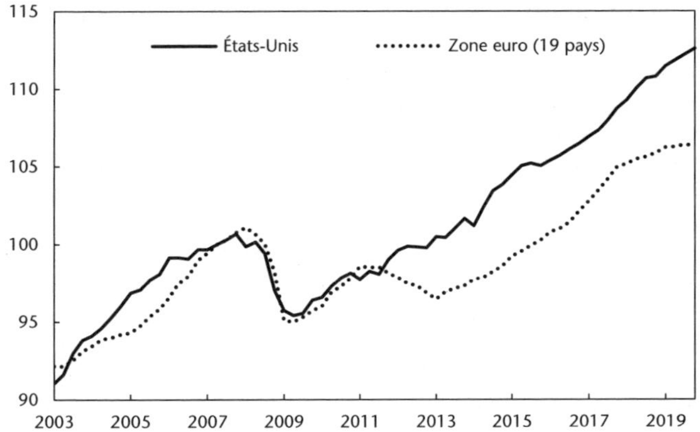

Source : OCDE.

que suggère Larry Summers [2013], en réintroduisant le concept de stagnation séculaire développé par Alvin Hansen [1939] : dans ce cadre, l'insuffisance de la demande résulte d'un excès d'épargne par rapport aux opportunités d'investissement au niveau mondial, excès d'épargne qui s'explique en grande partie par la forte montée des inégalités (la richesse étant concentrée dans les mains de ménages qui ne consomment qu'une faible part de leurs revenus). Quant à l'insuffisance des opportunités d'investissement, elle provient de l'insuffisance de la demande des ménages et explique que cette épargne excessive alimente des bulles sur les actifs, qui sont une façon de recycler l'épargne dans un monde en stagnation séculaire. Dans un tel environnement, la demande est durablement insuffisante et les chocs de demande négatifs (comme les récessions) ont un effet permanent. Ceci nécessite des politiques de stimulation de la demande quasi continues aux conséquences sérieuses sur les déficits extérieurs et la désindustrialisation si elles ne sont pas généralisées au niveau mondial. À l'inverse, les pays qui choisissent de comprimer leur demande agrégée dégagent des excédents durables et préservent leur tissu industriel. C'est le cas de l'Allemagne depuis le début des années 2000.

Excédents courants allemands : l'importance de la demande agrégée à long terme

Les performances économiques de l'Allemagne, et en miroir celles de ses partenaires commerciaux dont la France, sont des cas d'école de l'importance de la demande agrégée pour comprendre les déséquilibres et les dynamiques industriels. Les excédents courants allemands sont les plus importants du monde depuis quatre ans, et représentaient en 2019 plus de 7 % du PIB. À titre de comparaison, la France a connu sur la même période un déficit courant moyen de 0,7 % du PIB (et pas une seule année d'excédent). Les excédents allemands se sont développés de façon très rapide au début des années 2000, alors que, dans les années 1990, l'Allemagne connaissait des déficits (graphique 2).

Comment expliquer ce retournement ? L'explication la plus souvent avancée lie la performance exportatrice allemande aux réformes du marché du travail menées dans les années 2000, les fameuses réformes Hartz. Pourtant, cette explication n'est pas convaincante : les lois Hartz ont été votées entre 2003 et 2005, le surplus commercial allemand a commencé à augmenter au début des années 2000. Le ralentissement des prix et des salaires est également intervenu au début des années 2000, et n'est donc pas la conséquence de ces réformes. Autre argument souvent évoqué : la compétitivité hors-prix de l'Allemagne, c'est-à-dire la qualité de ses produits. Si le savoir-faire industriel allemand

Graphique 2. **Solde courant allemand : le tournant du début des années 2000**

A. Balance courante (en % du PIB) — B. Épargne et invertissement (en % du PIB)

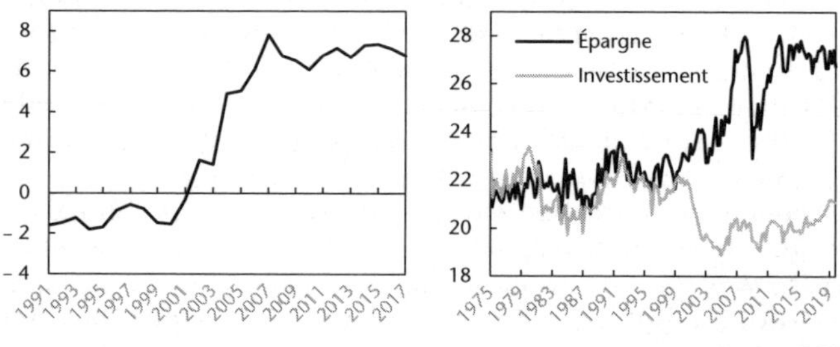

Source : OCDE.

est incontestable, il est pourtant peu probable que la qualité des produits allemands se soit améliorée en quelques années, et que l'Allemagne qui connaissait des déficits courants dans les années 1990 ait connu tout à coup une révolution de la qualité de ses produits. Enfin, dernier argument, le vieillissement de la population. Cet argument peut toutefois, à nouveau, difficilement expliquer le tournant brutal du début des années 2000, dans la mesure où la part des plus de 65 ans dans la population augmente de façon continue depuis le milieu des années 1980.

En réalité, un tel tournant s'explique surtout par les changements majeurs de politique fiscale et sociale intervenus au début des années 2000 [Geerolf et Grjebine, 2020]. Du point de vue fiscal, les chanceliers Schröder puis Merkel ont mené une politique volontariste de compression de la demande interne, initiée dès la fin des années 1990 : hausses d'impôts touchant essentiellement les ménages, en particulier les classes moyennes, forte baisse des dépenses sociales et réformes des retraites ont considérablement stimulé l'épargne et pénalisé l'investissement, la baisse de la demande se traduisant pour les entreprises par des carnets de commande moins fournis. Le gouvernement allemand a d'abord décidé des hausses très importantes des impôts sur les ménages, *via* notamment les impôts indirects : avec deux hausses de TVA entre 1998 et 2006, de 15 % à 16 %, puis de 16 % à 19 %, et des hausses régulières des taxes sur l'essence — par exemple, dans le cadre d'une loi écologique —, les impôts sur l'essence ont augmenté d'un point de PIB en 1999. Ces hausses d'impôts indirects, essentiellement payés par les classes moyennes et modestes dont la propension à consommer est la plus importante, ont fortement affecté la consommation.

L'effet dépressif de ces hausses d'impôts a été accentué par une forte baisse des dépenses sociales (de 3 points de PIB entre 2002 et 2014), en particulier sous la forme d'une réduction des dépenses de retraites et du niveau des pensions. En 2001, le système de retraites a été fondamentalement modifié avec la réforme dite « Riester », qui a abouti à la fois à une baisse de la générosité du système de retraite par répartition (par une réduction des pensions dans le régime de base) et au développement d'un système de retraite par capitalisation, deux facteurs ayant stimulé l'épargne, et donc contribué à la faiblesse de la demande agrégée. Ces réformes ont été tellement brutales que les pensions ont même diminué de 20 % en termes réels (c'est-à-dire corrigés de l'inflation) entre 2000 et 2010 ! Parallèlement, la diminution de la générosité du système de retraite a conduit à une augmentation de l'épargne retraite pour les nouveaux entrants : 1,4 million de contrats de retraite Riester ont ainsi été souscrits en 2001 et 15 millions en 2010. À cela s'est ajoutée une baisse massive des dépenses publiques de retraite alors que la part des plus de 65 ans dans la population totale continuait d'augmenter : de 1,5 point de PIB, soit de plus de 10 %, entre 2002 et 2014.

Au total, les ménages allemands ont supporté l'équivalent d'une hausse d'impôts de plus 5 points de PIB entre 2001 et 2018, sans compter l'effet sur l'épargne du développement d'un système de retraite par capitalisation [Geerolf et Grjebine, 2020]. Ces mesures permanentes ont diminué la demande interne de façon durable, et expliquent en grande partie l'augmentation du surplus commercial, durable elle aussi.

En économie fermée, une telle politique de compression de la demande intérieure et d'augmentation de l'épargne aurait abouti à une baisse durable du PIB et de l'emploi. Mais, grâce à l'ouverture aux échanges, à l'absence de risque de change en zone euro et aux politiques de soutien de la demande menées symétriquement par la France, ses voisins du sud de l'Europe et les États-Unis, l'Allemagne a pu durablement produire davantage que ce qu'elle consommait. La France, par exemple, a baissé les impôts sur les ménages de près de 3 points de PIB entre 2001 et 2018, ce qui conduit à un écart cumulé de près de 8 points de PIB entre les deux pays depuis 2001 (+ 5 points en Allemagne, – 3 points en France). Ainsi, alors que l'Allemagne augmentait fortement l'imposition des classes moyennes, la France choisissait de la réduire.

Plus généralement, les politiques de stimulation de la demande menées par les partenaires commerciaux de l'Allemagne ont permis de soutenir la croissance des exportations allemandes et de réduire l'effet négatif sur le PIB qu'aurait occasionné la seule politique allemande de compression de la demande. L'effet cumulé de ces politiques de compression de la demande interne et des politiques de soutien externe permet d'expliquer très largement les évolutions du solde courant allemand depuis 2000. En multipliant l'évolution discrétionnaire des impôts en Allemagne (celle qui résulte de politiques fiscales et non d'une évolution des recettes fiscales liée à l'activité) par son impact estimé sur le solde courant (l'élasticité d'une hausse exogène d'impôt sur le solde courant), et en ajoutant l'effet des politiques de stimulation de la demande des principaux partenaires commerciaux de l'Allemagne sur ses exportations, 70 % des variations du compte courant allemand depuis 2000 peuvent être expliquées [Geerolf et Grjebine, 2020].

Cette stratégie de croissance par les exportations et de compression de la demande interne n'est pas une invention allemande : plusieurs pays scandinaves dans les années 1980 et 1990, dont la Suède entre 1993 et 1998, l'avaient déjà suivie. Reposant sur un soutien de l'activité par la demande externe, ces stratégies sont non coopératives par nature. Or, dans un contexte de déficit mondial de demande agrégée, chacun doit prendre sa part de la stimulation de la demande mondiale.

Relancer l'économie après le Covid-19, sans pénaliser l'industrie

À la lumière des liens mis en exergue entre politique macroéconomique et désindustrialisation accélérée, une coordination des politiques de relance entre les partenaires commerciaux de la zone euro après le confinement apparaît indispensable. Plus généralement, ce qui est plus que jamais nécessaire, c'est un rééquilibrage de la demande au sein de la zone. Les pays du nord de l'Europe, en comprimant leur demande interne, ont accumulé des créances sur la France et les pays du sud. Keynes l'avait bien expliqué : le problème des régimes de change fixe comme l'étalon-or, et aujourd'hui celui de l'Union monétaire en zone euro, c'est que les pays confrontés à un déficit de leur balance commerciale ne peuvent forcer les pays en surplus à dépenser plus, et ne peuvent regagner sur eux des parts de marché, puisque la dévaluation n'est pas possible. Et s'il existe bien en Europe une surveillance des excédents courants excessifs, cette surveillance n'est pas contraignante et ne se traduit pas par des sanctions.

En pratique, pour rééquilibrer la demande au sein de la zone euro, il faudrait que les pays du nord de l'Europe qui ont comprimé leur demande ces dernières années acceptent de consommer davantage, par exemple en baissant leur TVA de manière pérenne ou en augmentant leurs dépenses sociales. Cela soulagerait les exportateurs français et du sud de l'Europe et leur permettrait de diminuer leurs dettes vis-à-vis des pays du nord. Le plan de relance décidé par l'Allemagne le 3 mai 2020 va dans le bon sens, avec notamment une baisse temporaire de la TVA de 19 % à 16 %, mais l'enjeu sera de rééquilibrer de façon durable la demande au sein de la zone, notamment en pérennisant cette baisse. De quoi assurer la pérennité de la zone euro, tout en servant aussi bien l'intérêt de l'Allemagne que celui de ses partenaires européens.

Repères bibliographiques

AUTOR D. H., DORN D. et HANSON G. [2016], « The China shock : learning from labor-market adjustment to large changes in trade », *Annual Review of Economics*, vol. 8, n° 1, p. 205-240.

BENIGNO G., CONVERSE N. et FORNARO L. [2015], « Large capital inflows, sectoral allocation, and economic performance », *Journal of International Money and Finance*, vol. 55, n° C, p. 60-87.

CONSEIL NATIONAL DE PRODUCTIVITÉ [2019], « Productivité et compétitivité : où en est la France dans la zone euro ? », juillet.

FROCRAIN P. et GIRAUD P.-N. [2018], « The evolution of tradable and non-tradable employment : evidence from France », *Économie et Statistique*, vol. 503, n° 1, p. 87-107.

GEEROLF F. [2019], « The Phillips curve : a relation between real exchange rate growth and unemployment », *UCLA Working Paper*.

GEEROLF F. et GRJEBINE T. [2020], « Germany's trade balance : the role of fiscal policy and pension reform », *Working Paper*.

HANSEN A. H. [1939], « Economic progress and declining population growth », *The American Economic Review*, vol. 29, n° 1, p. 1-15.

INSEE [2012], « Construction aéronautique et construction automobile, deux secteurs qui ont un effet d'entraînement marqué sur le reste de l'économie », *Note de conjoncture*, mars, p. 91-94.

KEYNES J. M. [1930], « Note à l'Economic Advisory Council », octobre.

— [1931], « Propositions en vue de l'établissement d'un nouveau tarif douanier », *The New Statesman and Nation*, 7 mars.

MAYER T. et MALGOUYRES C. [2018], « Exports and labor costs : evidence from a French policy », *Review of World Economics*, vol. 154, n° 3, p. 429-454.

MORETTI E. [2010], « Local multipliers », *American Economic Review*, vol. 100, n° 2, p. 373-377.

SUMMERS L. [2013], « Conference address », *IMF 14th Annual Research Conference in Honor of Stanley Fischer*.

IV/ Les dessous de la concentration

*Axelle Arquié et Julia Bertin**

L'émergence de très grandes entreprises, en position dominante, telles que Amazon, Facebook ou encore Alphabet, propriétaire de Google, et dont la capitalisation boursière dépasse, par exemple, le produit intérieur brut des Pays-Bas, a caractérisé l'économie mondiale des vingt dernières années. Ce phénomène de concentration pourrait s'accentuer sous l'effet de la crise économique liée à la crise sanitaire du Covid-19. Un certain nombre d'entreprises de taille modeste pourraient faire faillite, et accroître ainsi le poids relatif des grandes entreprises, mieux armées pour résister à la crise. Le degré de concentration d'un marché dépend, en effet, du nombre d'acteurs présents et de la répartition des ventes entre ces derniers : sur un marché très concentré, quelques grandes entreprises réalisent l'essentiel des ventes. C'est le cas, par exemple, du marché des médias en France où Canal+, Lagardère, Bouygues et Bertelsmann, propriétaire de RTL Group, détiennent 75 % des parts de marché en 2019.

Pour autant, la question de la concentration n'est pas nouvelle et renvoie à une réflexion plus large sur l'évolution du capitalisme. L'apparition de cartels dans les années 1860-1880 avait déjà fait débat. Karl Marx évoquait le caractère inéluctable de la concentration : à une phase de concurrence acharnée succéderaient un regroupement des structures existantes et une « centralisation » du capital entre les mains des gagnants. Il y voyait un premier jalon pour l'avènement du socialisme, le

* Axelle Arquié et Julia Bertin sont économistes au CEPII.

capitalisme contenant en lui les germes de sa propre disparition. Joseph Schumpeter, lui, prophétisait le « crépuscule » de la fonction d'entrepreneur sous le règne de très grandes entreprises.

La concentration des années 1860-1880 a donné naissance, aux États-Unis, au *Clayton Act* de 1914, visant à empêcher toute concentration qui déboucherait sur une restriction de la concurrence. L'histoire montre ainsi que des économies de marché insuffisamment régulées ont tendance à se concentrer. Thomas Philippon, dans son livre *The Great Reversal* [2019], alerte sur les évolutions récentes de la concentration aux États-Unis, qu'il associe à un cadre législatif de moins en moins protecteur de la concurrence, à la différence de l'Europe, où le phénomène est de moindre ampleur.

Ce chapitre s'attachera à mettre en lumière le phénomène de concentration, proposera des explications à ses évolutions et explorera son lien, ambigu, avec la concurrence, ainsi que ses effets sur les prix, l'investissement et les salaires, avec en toile de fond une interrogation fondamentale : qui y perd, qui y gagne ? La répartition des gains et des pertes de la concentration peut-elle contribuer à expliquer que le phénomène se maintienne et se renforce, les gagnants ayant les moyens du *statu quo* ?

Les évolutions de la concentration, une réalité complexe à décrypter

La concentration a augmenté, mais pas partout avec la même intensité, davantage sur le marché des biens que sur celui du travail, et au niveau national plus qu'au niveau local. Aussi ce phénomène recouvre-t-il une réalité complexe, à facettes multiples, qui suscite des débats.

Une augmentation au niveau national, mais quid *du niveau local ?*

Depuis les années 1990, la concentration des ventes a augmenté au niveau national, d'une façon marquée aux États-Unis et un peu moins en Europe. Entre 2001 et 2012, les huit plus grandes entreprises des États-Unis et du Canada ont ainsi vu leur part dans les ventes augmenter en moyenne de 8 points de pourcentage contre seulement 4 points pour les huit plus grandes entreprises européennes [Bajgar *et al.*, 2019]. Aux États-Unis, c'est surtout dans le commerce de détail et dans la finance, plus faiblement dans les services et dans le secteur manufacturier que la concentration a augmenté entre 1982 et 2012 [Autor *et al.*, 2017]. En Europe, la part de marché des 10 % plus grandes entreprises a augmenté de façon plus importante dans le secteur des services non financiers que dans le secteur manufacturier [Bajgar *et al.*, 2019].

La concentration la plus souvent commentée dans le débat public est celle observée au niveau national, supposant que les consommateurs peuvent acheter les produits ou services à des entreprises présentes sur l'ensemble du territoire, comme si celles-ci faisaient toutes partie du même marché. Or, pour certains biens et services, le marché pertinent est plutôt par nature local, à l'échelle d'une région, voire d'une ville. Par exemple, un café dans le 15e arrondissement de Paris n'est pas en concurrence avec un café au milieu de l'Ardèche. Le calcul de la concentration au niveau local peut ainsi être plus pertinent pour certains secteurs, notamment celui du commerce de détail ou de certains services non échangeables, tels que les restaurants, les coiffeurs, etc. Au contraire, pour d'autres secteurs, comme le gaz et l'électricité, le marché pertinent est bien national : un fournisseur tel qu'EDF est présent sur l'ensemble du territoire français.

Mais, selon que la concentration est mesurée à une échelle locale ou à l'échelle nationale, les résultats peuvent être différents, voire opposés. Ainsi, calculée au niveau local, la concentration a un peu baissé aux États-Unis [Rossi-Hansberg *et al.*, 2020]. La concentration nationale peut augmenter en même temps que diminue la concentration au niveau local dans la mesure où les grandes entreprises, en prenant du poids, font augmenter la concentration nationale, mais, en étendant parallèlement leurs implantations géographiques sur les marchés locaux, font aussi diminuer la concentration locale.

En France, en revanche, la concentration des ventes, au niveau local, a augmenté depuis 1994 [Arquié et Bertin, 2020]. L'indice Herfindahl-Hirschman (IHH) correspondant affiche un niveau élevé de 3940 en 2016. Cet indicateur, parmi les plus utilisés pour mesurer la concentration, consiste à calculer la dispersion des parts de marché, en sommant leur carré sur l'ensemble du marché, donnant ainsi un poids proportionnellement plus important aux grandes entreprises. Cet indice, généralement multiplié par 10 000, est compris entre un chiffre proche de zéro (cas hypothétique d'absence totale de pouvoir de marché) et 10 000 (monopole pur : totalité des parts de marché détenues par une seule entreprise). Pour donner un ordre d'idées, la Commission européenne se montre vigilante dès qu'une opération de concentration fait augmenter l'IHH au-delà de 2000, tandis que, aux États-Unis, les autorités de la concurrence considèrent qu'un marché est concentré quand cet indice atteint 2500.

Mais la concentration du marché des biens n'est pas la seule facette de la concentration. Celle du marché du travail en est une autre, et la tendance y est différente.

Des évolutions divergentes sur le marché des biens et sur celui du travail

La concentration du marché des biens et services ne coïncide pas nécessairement avec celle du marché du travail. Une entreprise peut être en concurrence intense sur le marché des biens avec de nombreuses entreprises présentes sur l'ensemble du territoire, voire à l'international, et être simultanément en position dominante sur le marché de l'emploi si elle est implantée dans une zone géographique où les employeurs sont rares ou si elle y fournit une large part des emplois. La concentration du marché du travail dépend du nombre d'employeurs présents et de la répartition des emplois entre ces derniers au sein d'une zone géographique donnée. Le marché de l'emploi est donc local par nature, sa dimension dépendant de la plus ou moins grande mobilité des travailleurs.

La concentration du marché du travail d'un pays, obtenue en sommant celle de chaque marché local pondérée par leur part dans l'emploi total, a baissé aux États-Unis depuis les années 1970 et se situe à un niveau modéré (l'IHH calculé par Rinz [2018] atteint 1500). En France aussi, la concentration a diminué depuis 1994, mais s'établit à un niveau plus élevé d'environ 2400 en 2015 [Arquié et Bertin, 2020]. Au niveau local, certains marchés du travail atteignent des niveaux très élevés de concentration, mais représentent souvent une faible part de l'emploi national. C'est le cas, par exemple, des départements français de la Creuse ou du Gers, dont l'indice de concentration médian dépasse 5000, mais qui rassemblent chacun moins de 1 % des salariés. À l'inverse, les marchés du travail des villes de Marseille, Lyon ou Paris sont beaucoup moins concentrés (IHH autour de 1600) mais regroupent à eux trois presque 15 % des salariés en 2015.

En résumé, la concentration de l'emploi a eu tendance à diminuer, alors même que celle des ventes a augmenté ces dernières années.

Cette divergence interroge. Elle s'explique en partie par l'échelle de la mesure de chacun des indicateurs : le marché des biens d'une entreprise peut être national, tandis que le marché de l'emploi demeure largement local. Cela étant, cette différence d'échelle du marché pertinent n'explique pas tout : aux États-Unis, si la part des ventes des plus grandes entreprises a augmenté, leur part dans l'emploi a plutôt baissé [Gutiérrez et Philippon, 2019]. Ainsi, les ventes des cinq cents premières entreprises américaines a triplé entre 1972 et 2015, alors que la part de ces entreprises dans l'emploi a augmenté plus faiblement, de seulement 50 % [Autor *et al.*, 2020]. En somme, les entreprises qui ont fortement accru leurs parts de marché n'ont pas réellement transformé ces gains en emplois supplémentaires. Difficile d'y voir une concentration vertueuse.

Concentration et concurrence : les liaisons dangereuses

Toute analyse des causes de la concentration est étroitement liée à celle de ses conséquences, car l'impact de la concentration notamment sur l'investissement ou les prix permet de comprendre à quel type de concentration l'on a affaire. Le lien entre concentration et concurrence est ambigu en théorie : une hausse de la concentration n'implique pas nécessairement une hausse du pouvoir de marché [Syverson, 2019]. Deux thèses s'opposent : celle d'une concentration vertueuse, résultant du jeu bénéfique de la concurrence, où les entreprises les plus productives l'emportent ; celle d'une concentration néfaste résultant au contraire d'un affaiblissement de la concurrence. Quelle est donc la nature de la hausse récente de la concentration ?

Les entreprises superstars : des étoiles déclinantes ?

La première thèse, celle d'une concentration vertueuse, s'appuie entre autres sur l'étude de Autor *et al.* [2017] qui, en se focalisant sur le secteur manufacturier, montre que les secteurs dont la concentration augmente sont également ceux où la productivité est la plus élevée. Ce résultat est souvent interprété comme une indication que la concentration reflète la plus grande productivité d'entreprises « superstars », qui captent ainsi plus de parts de marché, soit la conséquence d'un mécanisme de croissance bénéfique.

Il n'est pourtant pas clair que ces entreprises « superstars » soient réellement créatrices de valeur pour l'ensemble de l'économie. Leur contribution à la croissance de la productivité de l'ensemble de l'économie a ainsi chuté de 40 % aux États-Unis depuis les années 2000, donnant plutôt l'image d'étoiles déclinantes [Gutiérrez et Philippon, 2019]. Les gains de productivité ne semblent pas se diffuser au reste de l'économie : l'écart se creuse entre les entreprises les plus productives et le reste du secteur, avec un rattrapage qui s'essouffle.

En outre, pourquoi cette irruption récente d'entreprises superstars que l'on n'observait pas auparavant ? Les tenants de cette thèse avancent parfois que les consommateurs seraient devenus plus sensibles au prix. Ainsi, ils auraient redirigé leur demande vers les entreprises dont les prix et donc les coûts de production sont les plus bas, soit les entreprises les plus efficaces, expliquant que la concentration ait augmenté : les entreprises les plus productives reçoivent désormais l'essentiel de la demande de consommateurs devenus plus réactifs aux prix. Cependant, expliquer l'intégralité de la hausse de la concentration par une telle évolution de la sensibilité des consommateurs aux prix est peu crédible. L'irruption ces vingt dernières années d'entreprises géantes telles que Google, Facebook ou Apple est indissociable d'une autre évolution, majeure celle-ci : la montée en puissance des actifs immatériels.

L'explication technologique : l'essor des actifs immatériels

L'arrivée des technologies de l'information a entraîné un basculement vers un « capitalisme sans capital », dans lequel la richesse provient davantage de sources non matérielles, désincarnées, telles qu'une marque, un algorithme, un réseau d'utilisateurs, plutôt que d'actifs physiques, tangibles, tels que des machines, des outils [Haskel et Westlake, 2018]. Sur quoi repose la richesse d'entreprises comme Facebook, également détenteur d'Instagram et de WhatsApp ? Sur la taille de leur réseau d'utilisateurs, les informations sur ces derniers qu'elles peuvent monétiser, et donc leur poids sur le marché ! Une taille critique du nombre d'utilisateurs et donc une certaine concentration du marché sont indispensables pour que ces entreprises soient viables. Il est difficile d'imaginer comment trois ou même deux équivalents de Facebook pourraient coexister s'ils se partageaient les utilisateurs. Cela explique, par exemple, la stratégie de rachat d'Instagram par Facebook.

L'explication technologique n'implique pas nécessairement que la concentration soit vertueuse : les actifs immatériels, en raison de leur nature spécifique, créent des barrières à l'entrée. Ils requièrent, en effet, un investissement initial, ou coût fixe, important et, une fois développés, ils sont souvent reproductibles à un coût proche de zéro. Cette structure de coûts particulière, différente de celle des actifs physiques, explique l'émergence de dynamiques du « gagnant emporte tout » : les entreprises capables de financer l'investissement initial ont un avantage décuplé en raison d'économies d'échelle sans commune mesure avec celles offertes par les actifs physiques. Il est, par exemple, coûteux de développer un algorithme, une plateforme et une marque tels que ceux de Tinder mais, une fois en place, ils peuvent être reproduits dans plusieurs villes avec des coûts supplémentaires variables mineurs au regard du coût initial de développement. Par ailleurs, les coûts fixes initiaux sont largement irrécupérables : la valeur de revente de nombreux actifs immatériels est bien plus faible que celles des actifs physiques, car ils sont souvent spécifiques à l'entreprise. Il est, par exemple, bien plus difficile de revendre un réseau d'utilisateurs, actif fragile attaché à une marque donnée, indissociable de l'entreprise qui le possède, que des machines, qui peuvent être cédées séparément. Ainsi, seules les entreprises ayant une capacité de financement importante peuvent se permettre d'entrer sur ce type de marché. La concentration semble donc découler naturellement de la structure de coûts des actifs immatériels.

Et il semble bien exister un lien entre actifs immatériels et concentration : l'intensité en actifs immatériels d'une entreprise et sa part de marché sont fortement corrélées [Crouzet et Eberly, 2019]. Cela est vrai au sein d'une industrie donnée (les entreprises au ratio d'actifs immatériels le plus fort ont une part de marché plus importante) et au cours du temps (une entreprise qui augmente son ratio d'actifs immatériels voit également sa part de marché augmenter). Cela s'observe aussi entre les secteurs : ceux au sein desquels les entreprises sont plus intensives en actifs immatériels sont également les plus concentrés en moyenne.

Ainsi, la structure de coûts des actifs immatériels érige une barrière naturelle à l'entrée.

Des marchés concentrés ouverts ou fermés aux nouveaux entrants ?

Selon la théorie des marchés contestables, issue des travaux de William Baumol, même s'il est concentré, un marché peut demeurer concurrentiel, tant que l'entrée de nouveaux concurrents est possible. Or la libre entrée sur les marchés aux États-Unis ne semble plus effective. Lorsque la rentabilité d'un secteur augmente, on devrait, en l'absence de barrière à l'entrée, observer une hausse des nouveaux entrants venus profiter de cette manne. Ce n'est plus le cas depuis le début des années 2000 [Gutiérrez et Philippon, 2018].

Pour décourager l'entrée de nouveaux concurrents, les entreprises en place peuvent opérer des rachats prédateurs (*killer acquisition*), pour empêcher leur concurrent de taille modeste de contester leur position dominante. Le cas Quidsi-Amazon est emblématique de ce type de stratégie. Quidsi était un magasin en ligne spécialisé dans la production de produits pour bébés. La première offre de rachat par Amazon s'est soldée par un refus. Peu de temps après, Amazon a commencé à ajuster en temps réel ses prix à ceux de Quidsi avec une décote de 30 %. À bout de souffle, Quidsi s'est vu en 2010 contraint d'accepter la proposition de rachat d'Amazon pour 550 millions de dollars. En 2017, Jeff Bezos a fait totalement disparaître la marque. La baisse de prix n'aura été que temporaire, le temps de contraindre un concurrent potentiel à vendre, les prix ayant ensuite retrouvé leur niveau initial, soit un niveau supérieur à ceux qu'offrait Quidsi, comme le relate Thomas Philippon dans *The Great Reversal*.

En outre, si l'hypothèse d'une concentration vertueuse était valide, alors celle-ci ne devrait pas s'accompagner d'une augmentation trop importante du taux de marge, c'est-à-dire du rapport entre le prix d'un bien et son coût marginal, celui lié à la production d'une unité supplémentaire. Aux États-Unis et en Europe, ce rapport a augmenté [De Loecker et Eeckhout, 2018]. La répartition des taux de marge a également profondément changé aux États-Unis : alors que le niveau médian est resté stable, les déciles supérieurs concentrent l'essentiel de l'augmentation. En d'autres termes, seules quelques grosses entreprises ont bénéficié d'une forte augmentation de leur taux de marge, tandis que la majorité d'entre elles n'ont pas connu la moindre hausse. En France, les taux de marge ont également augmenté entre 1994 et 2016 [Burstein *et al.*, 2019].

Une concentration vertueuse devrait également être associée à une plus forte productivité, des prix plus bas et un investissement plus élevé. Or ces signes que les incitations à la concurrence existent en dépit de la concentration ont progressivement disparu. La concentration semble bien avoir changé de nature au tournant des années 2000 [Covarrubias *et al.*, 2019]. Dans les années 1990, la concentration était associée à une augmentation de la productivité, une baisse des prix et des investissements élevés — surtout en actifs immatériels. Mais, dès 2000, la corrélation entre concentration et croissance de la productivité est devenue négative, et celle entre concentration et croissance des prix positive. Sur la même période, le secteur privé a sous-investi relativement à la profitabilité future anticipée, aux États-Unis, mais aussi dans la plupart des pays avancés y compris en Europe. Or la baisse de la concurrence, concomitante à la hausse observée de la concentration, explique une part importante du déclin de l'investissement [Gutiérrez et Philippon, 2017].

Ces différents éléments indiquent que la hausse de la concentration s'est accompagnée d'un affaiblissement de la concurrence, au moins sur la période récente, peu compatible avec la thèse d'une concentration vertueuse. Il convient aussi d'aborder la question sous l'angle de la durée : il est peu probable qu'un marché durablement concentré soit réellement menacé par l'entrée de nouveaux acteurs. Un marché ouvert devrait connaître des variations de son niveau de concentration, les entreprises en place étant progressivement contestées dans leur position dominante par l'arrivée de nouveaux concurrents, porteurs de nouvelles technologies par exemple.

La concentration : un mal inhérent à un capitalisme trop peu régulé ?

Une économie de marché livrée à elle-même converge vers une forte concentration et un affaiblissement de la concurrence, comme l'enseigne la récurrence des mouvements de concentration à travers l'histoire, des cartels de la fin du XIXe siècle et du début du XXe, jusqu'au renouveau actuel du phénomène aux États-Unis. Cette tendance naturelle invite donc à s'interroger sur des causes plus profondes de la concentration, déjà évoquées par Marx dans *Le Capital*, ou Lénine, témoin de l'apparition des grandes corporations aux États-Unis et en Allemagne dès les années 1880. La concurrence ne peut se maintenir d'elle-même, elle s'autodétruit progressivement si elle n'est pas encadrée. Les entreprises les plus fortes croissent, se concentrent, s'organisent progressivement pour ériger des barrières à l'entrée, étouffant la concurrence dont elles sont issues.

Au cours des années 2000, l'importance des sommes consacrées aux actions des lobbies et au financement des campagnes politiques a sensiblement augmenté aux États-Unis [Philippon, 2019]. Ces dépenses sont essentiellement réalisées par les grandes entreprises. Par-delà l'explication faisant intervenir les rendements d'échelle liés aux actifs immatériels évoqués plus haut, il semblerait que la hausse de la concentration observée aux États-Unis soit d'origine institutionnelle, et provienne du démantèlement progressif du cadre institutionnel protégeant la concurrence sous le coup des lobbies.

L'Europe, grâce à sa forte législation proconcurrentielle, a été jusqu'alors partiellement protégée de ces atteintes à la concurrence. Partiellement seulement, car on note tout de même une augmentation de la concentration et des taux de marge dans certains pays européens, notamment en France. Certains secteurs semblent particulièrement vulnérables, notamment le secteur bancaire, où le poids des cinq plus grandes banques a augmenté depuis 2010, avec des niveaux aujourd'hui très différents d'un pays à l'autre, devenant préoccupant dans certains d'entre eux comme la Finlande, la Grèce ou encore les Pays-Bas (le bilan des cinq plus grandes banques représente 29 % du total des actifs bancaires en Allemagne contre 81 % en Finlande, 84 % aux Pays-Bas et 97 % en Grèce en 2018 – données BCE).

L'avantage du cadre institutionnel européen par rapport à celui des États-Unis tient notamment à l'indépendance relative de la Commission européenne : les pays européens ayant opté pour un organe supranational, les gouvernements préfèrent défendre à tout prix son indépendance totale, plutôt que de risquer que celle-ci puisse être influencée par les entreprises d'un autre pays [Gutiérrez et Philippon, 2018].

Une tendance anticoncurrentielle importante échappe cependant en grande partie à la législation des principaux pays développés, même en Europe : adoptant une stratégie de diversification, de grands fonds d'investissement tels que BlackRock ou Vanguard investissent désormais dans des entreprises en concurrence au sein d'un même secteur. Ce phénomène d'actionnariat commun est particulièrement insidieux, car il ne s'accompagne pas d'une augmentation des indicateurs de la concentration. Les entreprises demeurent des entités distinctes, mais leur incitation à se faire concurrence décroît, car leurs actionnaires communs, les grands fonds d'investissement, n'y ont pas intérêt : il est plus rentable d'extraire une rente *via* des prix plus élevés. C'est ce que l'on observe notamment dans les secteurs aérien et bancaire [Azar *et al.*, 2018].

Les récentes évolutions de la concentration doivent servir d'avertissement à l'Europe et l'encourager à maintenir sa législation proconcurrentielle pour protéger ses salariés et ses consommateurs. Mais il lui faudra aussi prendre en compte la dimension plus insidieuse de l'actionnariat commun.

Qui perd, qui gagne au jeu de la concentration ?

Des consommateurs perdants

Une entreprise détient un pouvoir de marché lorsque celle-ci dispose du pouvoir d'influencer le prix auquel elle vend son produit. Les consommateurs sont alors captifs : même si le prix augmente, leur demande ne baissera pas autant que si un produit proche sur lequel ils pourraient se reporter était disponible, faisant jouer la concurrence. Le prix est alors supérieur au coût marginal du produit, c'est-à-dire au coût du capital et du travail lié à la production d'une unité supplémentaire.

Prenons l'exemple bien connu du marché des télécommunications en France : avant l'arrivée de Free en 2012, les consommateurs avaient moins de latitude pour faire jouer la concurrence, de telle sorte que les prix demeuraient élevés. Avec l'arrivée de l'offre à prix plus abordable de Free et le report de nombreux consommateurs vers ce nouveau fournisseur, les opérateurs historiques, Orange, SFR et Bouygues, ont été contraints, par le jeu de la concurrence, de baisser également leurs prix. L'arrivée d'un nouvel acteur a, ce faisant, bénéficié à l'ensemble des consommateurs.

Les prix ont relativement moins augmenté en Europe, où la législation pro-concurrentielle est vigoureuse, qu'aux États-Unis. Et cette différence est particulièrement visible au sein de certains secteurs : alors que le prix d'un billet d'avion ou d'un abonnement téléphonique étaient sensiblement moins chers aux États-Unis qu'en Europe dans les années 1990, la tendance s'est inversée. En 2018, l'accès Internet est désormais en moyenne deux fois plus cher aux États-Unis.

Si l'inflation générale observée dans les pays développés est globalement faible, cela ne signifie pas que la concentration n'a pas eu d'effets délétères pour le consommateur. En effet, le pouvoir d'achat, donc l'évolution relative entre salaires et prix, est le critère déterminant pour évaluer l'impact de la concentration sur les consommateurs. Peu importe que l'inflation soit modérée si la hausse des salaires est moindre : les salariés-consommateurs peuvent se procurer moins de biens et services pour un même travail. Or, si les prix ont augmenté de 15 % de plus aux États-Unis qu'en Europe entre 2000 et 2015, les salaires n'ont augmenté que de 7 % de plus, soit une baisse relative du pouvoir d'achat du salarié américain [CAE, 2019]. La concentration sur le marché des biens cumulerait-elle ainsi les désavantages pour les salariés consommateurs *via* une hausse des prix doublée d'une baisse de leur salaire ?

Des salariés perdants aussi

La part de la valeur ajoutée revenant aux salariés a décru aux États-Unis et, dans une moindre mesure, en Europe depuis les années 1980 [Autor *et al.*, 2020]. Or ce phénomène de déclin de la part salariale peut être lié à la hausse de la concentration. En effet, aux États-Unis, les secteurs qui ont connu la hausse de la concentration du marché des biens la plus importante sont également ceux qui ont enregistré la plus forte baisse de la part salariale. D'après Barkai [2019], la baisse de la part salariale s'expliquerait par la hausse des « profits purs », c'est-à-dire la part de la valeur ajoutée revenant aux propriétaires du capital financier de l'entreprise (par exemple, sous forme de dividendes) après rémunération du travail et du capital qui ont servi à la production et allant de pair avec la concentration. Ces profits purs auraient commencé à augmenter aux États-Unis dès les années 1980, suggérant un mouvement plus ancien et sans doute plus profond que le retournement des années 2000 identifié par Philippon.

Outre leur position dominante sur le marché des biens, les entreprises peuvent également bénéficier d'une position dominante sur le marché du travail, et ainsi imposer un salaire inférieur à la productivité marginale. Aux États-Unis, une augmentation de la concentration sur les marchés locaux du travail, de son niveau médian au niveau des 25 % des marchés les plus concentrés, réduirait les salaires de 10 % [Rinz, 2018]. Et, en France, si le niveau de concentration des 25 % des marchés locaux du travail les moins concentrés augmentait jusqu'à celui des 50 % les plus concentrés, alors (toutes choses égales par ailleurs) le niveau du salaire moyen y serait jusqu'à 14 % inférieur [Arquié et Bertin, 2020]. Cet impact est suffisamment important pour mériter une plus grande attention des décideurs publics, traditionnellement plus préoccupés par la concentration du marché des biens que par celle du marché du travail et son incidence sur les salaires. Certes, compte tenu de l'évolution modérée de la concentration du marché du travail, voire de sa baisse aux États-Unis, cet effet n'explique pas à lui seul la baisse de la part salariale ou la hausse des inégalités salariales. Mais les plus pauvres sont évidemment les plus fragiles face à ce phénomène. L'effet négatif de la concentration du marché du travail est, aux États-Unis, d'autant plus préoccupant que les salariés les plus touchés se trouvent en bas de la distribution des salaires [Rinz, 2018].

Les actionnaires, grands gagnants de la concentration

Tous les actionnaires sont certes aussi des consommateurs et potentiellement des salariés, dont on a montré qu'ils étaient les perdants de la concentration, mais tous les consommateurs et tous les salariés ne sont pas actionnaires. Le sont surtout les plus riches d'entre eux. Par exemple, d'après une enquête de la Réserve fédérale américaine (*Survey of Consumer Finances*), parmi la moitié des ménages ayant les plus bas revenus, seuls 20 % possédaient des actions en 2016 dont le stock représentait seulement 4 % de celui détenu par les 10 % les plus riches.

Or les actionnaires bénéficient de la concentration associée à un affaiblissement de la concurrence. La hausse des profits associée à davantage de concentration s'est en effet traduite par une hausse de la richesse leur revenant, *via* la distribution de dividendes ou la hausse de la valeur des actions. Les secteurs les plus concentrés sont d'ailleurs ceux qui rémunèrent le mieux les actionnaires, sans avoir pour autant connu un accroissement de leur efficacité [Grullon *et al.*, 2019].

En effet, une baisse de la concurrence redistribue les revenus vers les actionnaires, au détriment des salariés, *via* une hausse du prix des actifs et une baisse des salaires [Azar et Barkai, 2019]. Ainsi, une hausse de la concurrence sur le marché des biens bénéficierait aux ménages dont l'essentiel des revenus provient du salaire et non de placements financiers, à savoir la majorité de la population.

Le partage des richesses qu'implique la concentration explique sans doute la difficulté à faire évoluer le *statu quo* aux États-Unis : ceux qui détiennent les moyens financiers les plus importants sont également ceux qui n'ont pas intérêt à voir la concurrence se renforcer. Cela laisse aussi penser que le maintien de la concurrence en Europe pourrait être menacé à terme si les lobbies des gagnants de la concentration s'organisent de la même façon qu'outre-Atlantique, et démantèlent peu à peu les régulations protectrices européennes.

Repères bibliographiques

ARQUIÉ A. et BERTIN J. [2020], « Concentration and wages », mimeo.

AUTOR D., DORN D., KRATZ F., PATTERSON C. et VAN REENEN J. [2017], « Concentrating on the falling labor share », *American Economic Review Papers & Proceedings*, vol. 107, n° 5, p. 180-185.

— [2020], « The fall of the labor share and the rise of superstar firms », *Quarterly Journal of Economics*, vol. 135, n° 2, p. 645-709.

AZAR J. et BARKAI S. [2019], « Who's in favor of competition ? », mimeo.

AZAR J., SCHMALZ C. et TECU I. [2018], « Anticompetitive effects of common ownership », *Journal of Finance*, vol. 73, n° 4, p. 1513-1565.

BAJGAR M., BERLINGIERI G., CALLIGARIS S., CRISCUOLO C. et TIMMIS J. [2019], « Industry concentration in Europe and North America », *OECD Productivity Working Papers*, n° 18.

BARKAI S. [2019], « Declining labor and capital shares », *Journal of Finance*, à paraître.

BURSTEIN A., CARVALHO V. M. et GRASSI B. [2019], « Bottom-up markup fluctuations », *2019 Meeting Papers*, n° 505, Society for Economic Dynamics.

CONSEIL D'ANALYSE ÉCONOMIQUE (CAE) [2019], « Les marchés européens sont-ils devenus plus concurrentiels que les marchés américains ? », *Focus du Conseil d'analyse* économique, n° 031-2019, mai.

COVARRUBIAS M., GUTIÉRREZ G. et PHILIPPON T. [2019], « From good to bad concentration ? U.S. industries over the past 30 years », *NBER Working Paper*, n° 25983.

CROUZET N. et EBERLY J. C. [2019], « Understanding weak capital investment : the role of market concentration and intangibles », *NBER Working Paper*, n° 25869.

DE LOECKER J. et EECKHOUT J. [2018], « Global market power », *NBER Working Paper*, n° 24768.

GRULLON G., LARKIN Y. et MICHAELY R. [2019], « Are US industries becoming more concentrated ? », *Review of Finance*, vol. 23, n° 4, p. 697-743.

GUTIÉRREZ G. et PHILIPPON T. [2017], « Declining competition and investment in the U.S. », *NBER Working Paper*, n° 23583.

— [2018], « Ownership, concentration and investment », *American Economic Association Papers and Proceedings*, n° 108, p. 432-437.

— [2019], « Fading stars », *American Economic Association Papers and Proceedings*, n° 109, p. 312-316.

Haskel J. et Westlake S. [2018], *Capitalism without Capital. The Rise of the Intangible Economy*, Princeton University Press, Princeton.

Philippon T. [2019], *The Great Reversal. How America Gave Up on Free Markets*, Harvard University Press, Cambridge.

Rinz K. [2018], « Labor market concentration, earnings inequality, and earnings mobility », *Working Paper*, n° 2018-10, Center for Administrative Records Research and Applications, Center for Economic Studies, U.S. Census Bureau.

Rossi-Hansberg E., Sarte P. D. et Trachter N. [2020], « Diverging trends in national and local concentration », *NBER Macroeconomics Annual 2020*, vol. 35.

Syverson C. [2019], « Macroeconomics and market power : facts, potential explanations and open questions », *Journal of Economic Perspectives*, vol. 33, n° 3, p. 23-43.

V/ Et maintenant, quel *Green New Deal* ? Perspectives pour une écologie politique

*Michel Aglietta et Étienne Espagne**

La pandémie de Covid-19 a mis à nu l'impuissance des régimes de croissance financiarisée, d'obédience néolibérale, à répondre à des crises sociales, sanitaires et environnementales d'envergure mondiale. Le réchauffement climatique en cours fait partie d'un problème encore plus large de viabilité des interactions entre l'environnement naturel et la logique capitaliste qui domine aujourd'hui les sociétés.

S'il est vrai que cette pandémie a engagé les nations dans des transformations institutionnelles en rupture avec les décennies précédentes, il est indispensable de les concrétiser dès maintenant dans le sens des objectifs vitaux de la décennie qui s'ouvre. Poser d'emblée le problème entre le respect des limites planétaires du système Terre, celles à ne pas dépasser si l'humanité veut pouvoir perdurer, et la cohésion sociale, mise en cause par le néolibéralisme, requiert un changement de paradigme vers la soutenabilité.

Mais ces cibles ne seront atteignables que par la construction d'institutions sociales qui orientent les horizons et les anticipations des acteurs en cohérence avec elles [Svartzman *et al.*, 2019]. La notion de *Green New Deal*, reposant sur la référence explicite au *New Deal* de Roosevelt qui a construit les institutions de l'économie dite « fordiste », doit pouvoir servir d'inspiration aux

* Michel Aglietta est conseiller au CEPII et professeur émérite à l'université Paris-X Nanterre et Étienne Espagne est économiste de l'environnement et du développement à l'AFD.

enjeux du moment, comme elle a commencé à le faire en Europe et aux États-Unis dans les débats politiques.

Un tel *Green New Deal* global, dont nous allons ébaucher les contours et énumérer les conditions de possibilité, peut seul éviter un effondrement écologique, et ce tout en redéfinissant un idéal d'émancipation politique détaché enfin d'une frénésie d'accumulation matérielle pour certains et du dénuement insoutenable du plus grand nombre.

Leçons du Covid-19 pour un *Green New Deal* global

Aux origines environnementales du Covid-19 : traiter les causes

Toute stratégie de sortie de crise qui ferait l'impasse sur les causes premières et les vecteurs de diffusion de la crise sanitaire serait inopérante, voire pourrait en aggraver les conséquences. Distinguons le problème de l'émergence et celui de la diffusion.

L'émergence : effondrement de la biodiversité et augmentation des passerelles pour pathogènes. — Les flambées épidémiques ne sont pas nouvelles, ni même forcément plus nombreuses, mais leur nature a changé. Les maladies infectieuses ayant émergé dans la seconde moitié du XXe siècle ont été identifiées comme étant largement liées au monde animal : jusqu'à 60 % de ces maladies étaient en effet des zoonoses, c'est-à-dire des maladies transmises habituellement entre animaux et humains, dont près des trois quarts étaient dues à la faune sauvage [Jones *et al.*, 2008]. Quatre facteurs essentiels d'émergence de ces zoonoses peuvent être identifiés.

La pénétration plus grande des hommes dans des espaces préservés, tout d'abord : fronts de déforestation, mais aussi commerce et consommation des espèces sauvages. Si le contact avec des pathologies qui existaient dans la faune sauvage a toujours eu tendance à engendrer des épidémies, voire des pandémies dans l'histoire, le nombre d'espèces impliquées lors du passage de pathogènes entre humains et animaux ne cesse de se multiplier. Le problème ne vient pas des espèces porteuses des pathogènes, mais de l'appauvrissement des écosystèmes qui réduit les effets de dilution des opportunités de passage vers les humains [Lugassy *et al.*, 2019].

Les déséquilibres d'un écosystème, ensuite, peuvent favoriser l'émergence de virus ou de pathogènes qui prolifèrent. Ainsi, l'appauvrissement de leurs prédateurs permet aux moustiques de proliférer, et avec eux les maladies qu'ils transmettent, comme on peut l'observer à proximité de barrages hydrauliques.

L'augmentation de la promiscuité humaine-animale, liée au commerce d'animaux domestiques et surtout aux élevages industriels, crée des incubateurs pour la production de pandémies, par la sélection de races productives, génétiquement homogènes, et très peu résistantes aux maladies, mais sécurisées à grand renfort de bâtiments clos ou d'usages préventifs de produits antiparasites ou d'antibiotiques. La propagation d'un virus émergent est alors très rapide en raison du nombre et de la sensibilité des animaux infectés.

Enfin, l'émergence de pandémies futures pourrait bien provenir de l'évolution du climat. Cela passe d'un côté par le renforcement des maladies à transmission vectorielle, c'est-à-dire concernant des animaux (oiseaux migrateurs, insectes) transmettant des maladies à d'autres animaux ou des humains contaminant d'autres humains, et qui déplacent leurs zones de répartition à cause du changement climatique. D'un autre côté, la fonte accélérée du permafrost fait peser un risque de réveil de virus congelés depuis des temps dépassant l'histoire humaine et contre lesquels les populations humaines sont dépourvues de toute immunité.

La diffusion : mégalopoles, accélération des échanges et pollutions. — Le second aspect de cette crise est la rapidité avec laquelle elle aura traversé la planète, devenant, en deux mois seulement, une pandémie mondiale. La densification des populations humaines et l'accélération des échanges sont, en effet, caractéristiques de la dernière mondialisation. Plus de la moitié de la population mondiale vit en ville. Cette proportion pourrait passer à 70 % en 2050, alors que 90 % de la croissance urbaine mondiale a lieu en Asie et en Afrique. Les villes africaines, qui accueillent aujourd'hui 472 millions d'habitants, abriteraient plus de 1,2 milliard de citadins à l'horizon 2050. Ajoutées à une accélération de la circulation des personnes, animaux et produits, les opportunités de diffusion des maladies émergentes, liées à ce grand déménagement du monde, sont immenses.

Conséquence inévitable de ces externalités négatives de la concentration spatiale extrême des activités économiques et de la mobilité des personnes et des biens, l'intensité de la pollution dans les mégapoles est très importante, et parfois même mortellement dangereuse, comme on a pu le constater à l'automne 2019 dans des villes comme Delhi. Dans le cas du coronavirus, cette pollution intense a pu créer des conditions de comorbidité pour les citadins.

Covid-19 et changement climatique : le nécessaire retour des communs

Le Covid-19 peut-il servir de métaphore au changement climatique ? — Les solutions « marchandes » préconisées jusqu'ici face aux défis environnementaux présument que le changement climatique est une externalité unique, créant une défaillance de marché par l'absence d'un seul prix (le prix du carbone). Cette erreur d'analyse conduit à une « solution » simple et naïve. Il serait nécessaire et suffisant d'instaurer un prix du carbone et de laisser les ajustements de marché fonctionner ! Or le changement climatique participe d'une urgence planétaire d'une tout autre dimension. C'est un type nouveau de risque systémique entre dégradations écologiques multiformes et réactions sociopolitiques imprévisibles [Bolton *et al.*, 2020].

Covid-19 et changement climatique peuvent se rapprocher également dans la nature collective de la réponse à y apporter. Face à des impacts de cette dimension et des transformations aussi profondes, les intérêts individuels sont *de facto* soumis à un intérêt collectif qui ne peut être accepté que s'il place la justice sociale et la démocratie en son cœur. Sans une justice sociale effective, le collectif n'existe pas et la réponse sera (à juste titre) contestée, car soupçonnée de cacher quelque dessein partisan. La santé comme l'environnement et le climat sont des communs qui doivent rester accessibles à chacun selon ses besoins.

Or les populations les plus modestes sont les plus vulnérables aux impacts du changement climatique, comme elles l'ont été face au Covid-19. Les capacités d'adaptation sont plus faibles pour ces populations, qui ont une responsabilité bien moindre dans le problème initial. En effet, le niveau de richesse est le premier déterminant des émissions de GES dans la consommation [Taconet *et al.*, 2020] : au niveau mondial, les 10 % des ménages les plus riches sont responsables de 40 % des émissions de GES tandis que les 40 % les moins riches sont à l'origine de moins de 8 % des émissions. Les populations les plus modestes pâtissent aussi davantage des difficultés croissantes d'accès à l'eau, de la détérioration des sols, de l'érosion de la biodiversité ou encore de l'accroissement des pollutions. Les trajectoires d'atténuation ou les mesures d'adaptation peuvent elles-mêmes être sources d'inégalités nouvelles, réelles ou perçues, et engendrer des conflits sociaux intenses. Aussi le *Green New Deal* doit-il s'atteler à une refondation des politiques sociales.

Où la pandémie et le changement climatique se distinguent. — Les deux phénomènes s'opposent néanmoins dans leur rapport au temps. Le virus est brutal, s'attaque à tous, même s'il révèle et accroît certaines inégalités, et il est temporaire alors que les perturbations climatiques qui nous attendent sont de très longue durée. Cette brutalité de l'arrivée du virus rend possible la mise en place de « stratégies politiques du choc », comme les appelle Naomi Klein, pour le pire ou le meilleur.

Au contraire, l'urgence climatique, mise en avant avec force par les experts du climat, n'est reconnue par les responsables politiques que dans des paroles publiques, avec très peu d'effets sur leurs orientations politiques. Le relais vis-à-vis de la population (et inversement de la population aux responsables politiques) se fait de manière encore trop marginale ou en portant sur des sujets indirects comme les accès aux réseaux et aux transports.

La pandémie du coronavirus et le changement climatique font pourtant partie d'une même réalité objective, un dérèglement général de nos rapports à la nature. C'est par la mise en évidence de cette cause commune que des solutions de sortie de la crise du Covid-19 pourraient participer de la mise en œuvre d'une véritable écologie politique.

Mettre en évidence la nécessité du retour des communs. — Il a été rapidement souligné que le brusque arrêt de l'économie mondiale pouvait constituer un moment bienvenu de respiration pour la planète. Et il est vrai que les observations satellitaires ont immédiatement enregistré une chute des émissions de dioxyde d'azote en Chine et en Italie. L'Allemagne, de son côté, se rend compte qu'elle parviendra sans difficulté à remplir ses promesses de réductions d'émissions de CO_2 pour l'année 2020, contrairement aux attentes initiales. Les émissions globales pourraient connaître leur plus forte baisse depuis la révolution industrielle, sans pour autant s'aligner avec les trajectoires nécessaires au respect de l'accord de Paris.

Le confinement peut faire prendre conscience du caractère superficiel d'un grand nombre de besoins courants des sociétés de consommation, pour ceux qui peuvent néanmoins bénéficier d'un confort minimal dans ce confinement. Des débats sur l'utilité de voyages intercontinentaux pour des conférences, sur les modes de travail qui limiteraient les déplacements quotidiens tout en déconcentrant les villes, plus largement sur un ensemble de manières de réduire les émissions au niveau de la consommation, seront sans nul doute accélérés. Mais, dans les pays en développement et émergents, le confinement généralisé révèle plutôt l'immense fragilité du plus grand nombre face à l'accès aux biens premiers.

La hiérarchie des métiers semble fondamentalement inversée par la crise du Covid-19. Infirmières, éboueurs, agriculteurs, médecins, manutentionnaires se révèlent aux yeux de tous comme les précieux garants de la préservation des fonctions essentielles de la société, pourtant peu récompensés par la valorisation donnée par le marché du travail. Des biens premiers garantis par des services publics renforcés dans une économie intégrant pleinement les communs écologiques globaux, tels sont les besoins fondamentaux que la pandémie a fait apparaître au grand jour et qu'un *Green New Deal* se doit d'institutionnaliser.

Néanmoins, la prudence est de mise sur le caractère réellement bénéfique pour le climat et l'environnement de cet arrêt brutal des économies. Si l'expérience de 2008 est d'une aide quelconque, elle montre à quel point le rebond en termes d'émissions peut être rapide. Les périodes de crise ne sont généralement pas propices aux politiques environnementales, et cela apparaît à nouveau dans le cas présent. Enfin et surtout, les prix très bas du pétrole pourraient déprimer considérablement les investissements dans les énergies renouvelables pour les années à venir, bloquant l'économie mondiale dans le scénario du pire.

Objectifs et moyens d'un *Green New Deal* européen

Les prérequis

La neutralité carbone, comme objectif d'une stratégie industrielle commune, vise un changement radical du régime de croissance. Elle renverse la doctrine européenne du libre marché et rend nécessaire la prépondérance de la Cour de justice européenne sur les cours de justice nationales quant à la légitimité des politiques européennes. La méthode opérationnelle dans l'état actuel des connaissances est celle des scénarios nourris par une recherche d'informations qui implique les scientifiques, les pouvoirs publics, les acteurs financiers et les entreprises. Il est indispensable de passer du *volontariat à l'obligation* dans la divulgation des empreintes carbone des entreprises, selon une taxonomie élaborée par les régulateurs financiers et les institutions internationales (la Commission européenne pour l'Europe) pour rechercher les scénarios compatibles avec les critères de viabilité.

Le TCFD (*Task Force on Climate-Related Financial Disclosures*) préconise de partir de la taxonomie des risques directement observables, puis de dresser qualitativement l'influence indirecte des risques non quantifiables, due aux interdépendances des indicateurs dans les boucles de rétroaction. L'idée est de coter ces risques indirects (*nul/faible/modéré/fort*), pour aboutir à une matrice d'impacts permettant de faire apparaître les indicateurs les plus sensibles dans la propagation des risques physiques et de transition. À titre d'exemple, l'usage des sols en général, et la superficie des forêts tropicales et boréales en particulier, apparaissent comme un de ces indicateurs critiques.

Cette scénarisation revient à une forme de planification du retour des économies dans les limites planétaires. Ce choix social doit ensuite pouvoir se décentraliser au niveau des pays, puis à celui des ménages et entreprises. Les scénarios macroéconomiques permettent d'appréhender les vulnérabilités au niveau des firmes et des secteurs. Le TCFD recommande de structurer la gouvernance des entreprises autour de quatre thèmes : la gouvernance participative, la stratégie, la gestion du risque, la mise en œuvre des métriques pour atteindre les cibles.

La crise du Covid-19 doit fournir l'opportunité politique de mener à bien cette restructuration du secteur productif dans les secteurs les plus concernés : transports, tourisme, énergie, chaînes de production les plus étendues... Des parties importantes de ces secteurs ne doivent pas pouvoir bénéficier de fonds de reprise de l'activité, mais plutôt de fonds visant avant tout la transition des emplois concernés. Les États doivent pouvoir en échange se porter acquéreurs de ces entreprises. À cet égard, les annonces de la Commission européenne dans son *Green Deal*, déjà remises en cause par certains États membres, sont d'ores et déjà très en deçà de la réduction d'émissions requises pour l'objectif de 1,5 °C, voire 2 °C. Examinons les axes possibles d'un véritable *Green New Deal* européen.

Intégrer l'Europe pour retrouver le sens du long terme

La stratégie industrielle pour un horizon vert 2050 doit restructurer la production dans tous les secteurs. Il faut abolir l'obsolescence programmée et imposer des limites à la publicité et au conditionnement des produits nouveaux. Un *Green New Deal* européen doit donner une priorité aux investissements dans les pays européens les plus dépendants des énergies fossiles. Les produits nouveaux doivent être conçus selon leurs aptitudes au recyclage.

La PAC doit être transformée de façon à freiner l'agriculture intensive et à favoriser les communautés rurales capables de produire une alimentation plus saine selon trois principes : décourager les pratiques les plus nocives de l'*agribusiness* ; encourager les pratiques régénératives de l'agriculture biologique ; déplacer les subventions des grandes sociétés propriétaires vers les communautés rurales et fournir des prêts à taux bas aux activités tournées vers l'alimentation frugale.

Cette transition écologique ne peut se faire sans une avancée de l'intégration européenne pour retrouver le sens du long terme. Cela veut dire que, au-delà des investissements locaux ou nationaux, il faut réaliser des investissements qui soient des sources de gains pour toute l'Union, principalement dans les réseaux de distribution d'électricité d'origine renouvelable (*smart grids*). Les investissements pour créer une valeur ajoutée européenne impliquent un contrôle par le Parlement européen et donc une dotation en ressources fiscales propres. Ils impliquent aussi une diversification des niveaux de responsabilité politique jusqu'au niveau territorial.

Rénover les territoires par une transition écologique locale : illustration sur le cas français

La concentration du capital depuis quarante ans a accentué les fractures territoriales par l'expansion des mégapoles étalées, la désertification d'espaces ruraux et le dépérissement de villes moyennes. Il en est résulté une amplification de l'hétérogénéité des régions, accentuant leurs écarts de revenus.

Certes, les métropoles sont des foyers de rendements croissants par les effets d'agglomération, les externalités de réseaux et les activités intensives en information. Mais elles sont aussi des sources de coûts sociaux, de discrimination et d'exclusion par l'étalement dû au prix du foncier non maîtrisé, créant des villes dortoirs et des transports alternés par automobiles individuelles ; ce qui entraîne la congestion des transports, le gaspillage de temps, l'usure physique et mentale, la pollution atmosphérique et donc finalement la perte de bien-être. Il est possible d'y remédier de deux façons :

— en construisant des pôles de compétitivité territoriaux comme bases des politiques d'innovation : réseaux de firmes sur un territoire intériorisant des effets externes par échanges tacites d'informations et de compétences, mise en commun d'investissements de recherche et mobilisation des fonctions support dédiées ;

— en inventant un nouveau concept de mobilité urbaine, car définir et structurer la mobilité comme un bien commun implique un changement profond des modes de vie par rapport au modèle fondé sur la propriété des véhicules individuels. L'offre de transport multimodale sur un territoire requiert des entreprises qui soient des opérateurs de mobilité, capables d'optimiser l'intermodalité des moyens de transport pour minimiser les émissions de GES ; ce qui implique une *comptabilité carbone complète,* prenant en compte les coûts indirects de l'investissement dans les nouveaux moyens de transport.

L'économie circulaire implantée localement est un vecteur d'intégration des territoires par association de l'écologie et de l'économie, capable d'accroître la productivité de l'usage des flux de matières par création de chaînes de valeur où les déchets deviennent des *inputs*. Ce mode de production implique que les producteurs portent la responsabilité de leurs déchets.

Cette restructuration industrielle appelle en France une décentralisation de l'autorité politique. Car, pour concevoir une vue stratégique de l'avenir au plus près des citoyens, il faut un transfert de compétences de l'État aux collectivités locales. La décision publique informée par le débat démocratique, au niveau d'organisations où doivent se faire les choix, est cruciale pour coordonner les projets décentralisés des acteurs de l'économie. Il faut donc de nouvelles médiations :

— les *sociétés coopératives d'intérêt collectif* (SCIC) peuvent rassembler des parties prenantes d'origines variées. La SCIC doit préserver la dimension citoyenne des projets, tout en garantissant l'engagement public et celui des autres parties prenantes du territoire. L'intercommunalité paraît être le bon niveau pour organiser les services publics en matière d'habitat et d'urbanisme dans une coopération interterritoriale ;

— les *acteurs financiers publics* sont importants en France où l'épargne réglementée est élevée. La Caisse des dépôts et consignations peut ainsi devenir le pivot d'un pôle financier public puissant en coordonnant trois institutions financières. Le *Fonds d'épargne* accorde des prêts à huit ans sur collecte du Livret A qui est à encours stable et permet une faible charge d'amortissement pour les emprunteurs, donc une solvabilité élevée pour les logements sociaux. La *Banque des territoires,* créée en mai 2018 pour lutter contre la fracture territoriale, octroie des prêts aux collectivités locales, à caractère social et environnemental et à longue maturité, mutualisant les risques. *BPI France*, une banque publique de développement, est un outil de financement des entreprises sur les territoires qui facilite la participation des banques privées par un partage des prises de risque (garantie des crédits et cofinancement).

Les pivots d'un *Green New Deal* global

Le *Green New Deal* ne saurait se concevoir sans référence au *New Deal* mis en œuvre par Franklin D. Roosevelt à la suite de la crise de 1929. Les caractéristiques essentielles d'un *Green New Deal* vis-à-vis de celles du *New Deal* des années 1930 peuvent se décliner pied à pied dans le tableau 1.

Là où le *New Deal* a permis la diffusion d'une forme d'*American way of life*, un *Green New Deal* doit construire les institutions de préservation des biens communs globaux. Il s'inscrit à ce titre dans une dynamique fondamentalement différente.

Enrayer la dynamique de dégradation écologique à partir d'un bloc stratégique eurasiatique

L'*American way of life,* assis sur une dissociation spatiale des émissions de gaz à effet de serre produites et consommées, est en effet incompatible avec la soutenabilité écologique au XXIe siècle.

Tableau 1. ***New Deal* et *Green New Deal* : affronter des périls existentiels pour l'humanité**

New Deal (1933-1944)	*Green New Deal* (2020-2050)
Endiguer la montée de la barbarie nazie en Europe puis dans le monde durant la Grande Dépression.	Menace transgénérationnelle de dépassement des limites planétaires dans un contexte de stagnation séculaire.
Mettre la finance au service de la société : transférer le pouvoir de Wall Street au Trésor par la séparation des banques commerciales et des banques de marchés (*Glass Steagall Act*).	Mettre la finance au service de la société : éliminer le néolibéralisme par les lois antitrust et les régulations des marchés financiers ; contrôler le pouvoir monétaire des géants du numérique.
Mutation de la gouvernance des entreprises : capitalisme managérial et négociation collective.	Mutation de la gouvernance des entreprises : critères écologiques et codétermination (entreprises comme communs).
Politique budgétaire de transformation des infrastructures financée par la monnaie.	Politique budgétaire pour une restructuration bas carbone du système productif, financée par la monnaie.
Ordre monétaire de Bretton Woods avec pivot du dollar et règles d'ajustement des balances de paiement préservant l'autonomie des nations.	Pour un multilatéralisme de coopération monétaire institutionnalisée sous la supervision du FMI, instituant le droit de tirage spécial comme actif de réserve ultime.

Les émissions par tête à la consommation sont aux États-Unis et en Europe supérieures aux émissions par tête à la production, le commerce leur permettant de déplacer leurs émissions et ainsi de contenir les émissions produites localement sans remettre en cause leur mode de consommation. La Chine se trouve dans la situation inverse où le commerce la conduit à produire davantage d'émissions qu'elle n'en consomme.

Les émissions de CO_2 à la production, révélatrices d'un système productif mondial façonné par les délocalisations industrielles massives, placent ainsi la Chine en tête des émissions mondiales (29 %). Les puissances européennes et américaines, très fortement émettrices par leur mode de consommation, représentent de manière combinée moins de 25 % des émissions mondiales produites aujourd'hui. Le duopole « Chinamérique » rassemble, lui, près de la moitié des émissions mondiales à la production (43 %), et près des trois quarts en y incluant l'ensemble de l'Asie [Monjon, 2018].

Tableau 2. **Émissions de CO_{2eq} par tête en 2015**
(en tonnes de CO_{2eq} par tête)

	À la consommation	À la production
États-Unis	22,5	19,6
Europe	13,1	7,7
Chine	6,0	7,5

Note : les émissions à la production correspondent au CO_{2eq} émis au sein de chaque pays pour produire des biens consommés localement ou exportés ; les émissions à la consommation correspondent au CO_{2eq} émis au sein de chaque pays pour produire des biens consommés localement ou émises en dehors du pays pour satisfaire sa consommation finale (émissions importées).

Source : Chancel et Piketty [2015].

La Chine s'est pourtant fortement engagée dans une réforme de son système financier pour les investissements dans les biens communs d'une « civilisation écologique » que l'on pourrait assimiler à une forme asiatique de *Green New Deal*, combinant les investissements dans les énergies renouvelables, les transports et les *smart cities*. Mais les deux dernières années de tension avec les États-Unis ont entraîné un recentrage sur le charbon, produit dans le pays, et donc moins dépendant que les énergies renouvelables des accès plus risqués aux ressources apportées par les Nouvelles Routes de la Soie.

En l'absence (temporaire, on l'espère) de partenaire américain, c'est donc avant tout à l'Europe et à la Chine — deux modèles sociaux et économiques différents, mais tous les deux soucieux de l'urgence climatique — qu'il revient, dès cette année 2020, de développer ensemble ce nouveau narratif, d'autant plus fortement qu'il s'agit de proposer en même temps une voie de sortie hors des impasses qui nous ont menés à la pandémie du Covid-19. Alors seulement, il sera permis d'espérer que la force d'entraînement de ces deux blocs fasse du *Green New Deal* le nouveau paradigme de développement et de coordination internationale.

Définir les conditions d'une sécurité sociale écologique

Un véritable *Green New Deal* global ne peut se résumer à préconiser une croissance « verte » dans les pays développés qui se traduirait par un transfert des activités polluantes et une pression accrue sur les ressources nécessaires aux technologies « vertes » dans les pays émergents ou en développement. Les scénarios de transition bas carbone mondiaux doivent ainsi respecter les objectifs de développement durable de l'ONU. Or un certain nombre d'études soulignent l'extrême tension sur de nombreuses ressources minérales et sur les activités minières en général qui pourraient résulter d'un *Green New Deal* globalisé, ou même simplement concentré sur les centres industriels mondiaux. Mal anticipés, ces effets pourraient induire un cortège de conséquences néfastes, notamment pour les pays en développement, qui sont aussi souvent des pays miniers : corruption, destruction environnementale, conflits sociaux, voire militaires...

Un *Green New Deal*, fût-il global, ne peut évacuer la question d'une trajectoire de développement sobre du côté de la demande. Un espace fiscal national suffisant doit ainsi pouvoir être recréé, qui permette de mener des politiques sociales à même de tempérer, sinon d'inverser, les bouleversements sociaux induits par le changement climatique déjà à l'œuvre et par les pollutions environnementales plus localisées. Au-delà, c'est à une nouvelle réflexion sur la notion de progrès que nous invite un tel *Green New Deal* reconnaissant l'ensemble des frontières biogéochimiques planétaires [Charbonnier, 2020].

Aux côtés des institutions financières de Bretton Woods et des banques de développement, l'Organisation internationale du travail peut faire émerger les conditions de viabilité sociale d'un *Green New Deal* global par la définition de standards internationaux en matière de droit du travail, mais aussi par une redéfinition du travail dans un monde soutenable [ILO, 2016] et par les conditions opérationnelles d'une transition juste.

Activer et transformer les banques de développement et les banques centrales

La tragédie des horizons [Carney, 2015], cette inadéquation temporelle entre les effets catastrophiques du changement climatique attendus à long ou moyen terme et l'horizon court de décision des acteurs financiers, plaide pour un changement profond des structures de financement, notamment dans les pays en développement. Un rôle prépondérant des banques de développement nationales ou régionales et des fonds souverains permettrait de résoudre pour partie cette tragédie des horizons en offrant des modalités de financement de projets de développement conformes à une valorisation sociale de leurs impacts environnementaux, et non plus soumis à d'exclusifs critères de rentabilité financière à court terme [Dasgupta *et al.*, 2019]. Les banques centrales des pays en développement ont, par ailleurs, souvent des mandats moins orientés vers la stricte surveillance de l'inflation ou de la stabilité financière ; ce qui leur donne plus de possibilités d'intervenir directement en soutien de l'économie ou en orientation du crédit.

Des *Green New Deal* à l'échelle nationale seraient ainsi d'ores et déjà théoriquement réalisables pour certains pays émergents et notamment pour les plus importants d'entre eux, à savoir la Chine, l'Inde ou encore le Brésil [UNCTAD, 2019]. Néanmoins, les fuites massives de capitaux consécutives à la crise du Covid-19 (et de manière plus générale consécutives à tout retournement d'anticipation de marchés financiers dérégulés) rendent extrêmement difficile pour ces pays de poursuivre des stratégies de développement décarboné sur la durée. L'articulation avec les *Green New Deal* en projet au Nord est alors cruciale à plus d'un titre. Tout d'abord, les pays en développement et émergents présentent une fragilité plus grande. Leur ouverture financière souvent considérable ne permet pas de maintenir, de manière crédible, une intervention publique dans la durée qui se révèlerait rapidement déstabilisatrice pour le taux de change. Ainsi, des formes de contrôle de capitaux doivent pouvoir être envisagées de manière coordonnée pour se préserver des mouvements déstabilisateurs qui accompagneront ces transitions.

Ensuite, il est tout à fait concevable, et cela pourrait relever du respect du principe de « responsabilité commune, mais différenciée », que les institutions financières publiques du Nord augmentent considérablement leurs garanties et leurs prêts aux pays du Sud pour accompagner et stabiliser des stratégies locales de *Green New Deal*. Il faudrait pour cela, bien entendu, s'accorder sur les réductions d'émissions induites par ces plans locaux et sur la valeur que la communauté internationale leur accorde. C'est cette valeur qui peut, bien davantage qu'un prix du carbone ou qu'un marché mondial de droits à émettre, agir comme pivot d'un *Green New Deal* devenu global. Il serait ainsi possible de conserver le principe de subsidiarité qui a présidé à la dynamique des contributions nationales de l'accord de Paris, tout en matérialisant, par l'émergence d'une valeur commune à l'ensemble de la communauté internationale, la volonté d'éviter le scénario climatique du pire. Cette valeur pourrait en outre, à terme, justifier l'orientation préférentielle des liquidités entre banques centrales (*swap lines*), et jusqu'à l'allocation de droits de tirage spéciaux du FMI en proportion de la mise en œuvre effective de ces réductions d'émissions dans les stratégies de développement de tous les pays.

Plus fondamentalement, c'est bien l'usage d'une monnaie nationale hégémonique comme moyen principal d'échange international qui contribue à faire perdurer une hiérarchie des économies, en même temps qu'elle façonne une hiérarchie des écologies. La spécialisation de nombreux pays en développement et émergents dans l'exploitation massive de leurs ressources n'est pas seulement une donnée naturelle, mais bien aussi le produit de cette hiérarchisation internationale institutionnalisée par un hégémon monétaire [Svartzman et Althouse, 2020]. La nécessité d'accumuler des réserves de change dans la devise clé pour se prémunir contre les chocs financiers inhérents à la globalisation financière oriente ces économies vers les secteurs d'exportation les plus rentables, qui sont aussi souvent ceux des matières premières, du pétrole ou de l'agriculture d'exportation. À ce titre, le système monétaire et financier international dans sa forme actuelle est bien un frein structurel au *Green New Deal* global [Espagne, 2020]. Les besoins urgents de liquidité de la crise du Covid-19 et la récession économique majeure qui se dessine rappellent par bien des aspects les problématiques de la Grande Dépression. Cette crise doit permettre une résurgence des débats sur la construction d'une coopération monétaire internationale moins hiérarchisée et au service du financement de biens communs globaux [Aglietta et Espagne, 2018].

Repères bibliographiques

Aglietta M. (dir.) [2019], *Capitalisme : le temps des ruptures*, Odile Jacob, Paris.

Aglietta M. et Espagne É. [2018], « Le système monétaire international face aux cycles biogéochimiques », *in Annales des Mines-Responsabilité et environnement*, vol. 92, n° 4, p. 64-68.

Bolton P., Despres M., Da Silva L. A. P., Samama F. et Svartzman R. [2020], *The Green Swan. Central Banking and Financial Stability in the Age of Climate Change*, Banque des règlements internationaux, Bâle.

Carney M. [2015], « Breaking the tragedy of the horizon – climate change and financial stability », discours tenu à Lloyd's of London, 29 septembre, p. 220-230.

CHANCEL L. et PIKETTY T. [2015], *Carbon and Inequality : from Kyoto to Paris. Trends in the Global Inequality of Carbon Emissions (1998-2013) and Prospects for an Equitable Adaptation Fund*, Paris School of Economics, Paris.

CHARBONNIER P. [2020], *Abondance et liberté. Une histoire environnementale des idées politiques*, La Découverte, Paris.

CHENET H. et VAN LERVEN F. [2019], « Climate-related financial policy in a world of radical uncertainty : towards a precautionary approach », *UCL Institute for Innovation and Public Purpose Working Paper*, n° 13.

DASGUPTA D., HOURCADE J.-C. et NAFO S. [2019], *A Climate Finance Initiative to Achieve the Paris Agreement and Strenghten Sustainable Development*, CIRED, Nogent-sur-Marne.

ESPAGNE É. [2020], « Droits de tirage spéciaux, Covid19 et environnement : the time is now, the question is how », *Note de l'Institut Rousseau.*

ILO [2016], *Guidelines for a Just Transition towards Environmentally Sustainable Economies and Societies for All*, Organisation internationale du travail, Genève.

JONES K. E., PATEL N. G., LEVY M. A., STOREYGARD A., BALK D., GITTLEMAN J. L. et DASZAK P. [2008], « Global trends in emerging infectious diseases », *Nature*, vol. 451, n° 7181, p. 990-993.

LUGASSY L. *et al.* [2019], « What is the evidence that ecosystem components or functions have an impact on infectious diseases? A systematic review protocol », *Environmental Evidence*, vol. 8, n° 4.

MONJON S. [2018], « Émissions de CO_2, la Chine désormais au premier rang », *in* BENSIDOUN I. et COUPPEY-SOUBEYRAN J. (dir.), *Carnets graphiques. L'économie mondiale dévoile ses courbes*, CEPII, Paris.

SVARTZMAN R. et ALTHOUSE J. [2020], « Greening the International Monetary System? Not without addressing the political ecology of global imbalances », à paraître.

SVARTZMAN R., DRON D. et ESPAGNE E. [2019], « From ecological macroeconomics to a theory of endogenous money for a finite planet », *Ecological Economics*, vol. 162, p. 108-120.

TACONET N., MÉJEAN A. et GUIVARCH C. [2020], « Influence of climate change impacts and mitigation costs on inequality between countries », *Climatic Change*, vol. 160, p. 15-34.

UNCTAD [2019], *Financing a Global Green New Deal. Trade and Development Report 2019*, Conférence des Nations unies sur le commerce et le développement, Genève.

VI/ Un dollar contesté, mais toujours pas détrôné

*Carl Grekou**

Le dollar fascine, le dollar rassure. Il est fiable, disponible partout et en abondance. Voilà plus de sept décennies que le billet vert règne en tant que principale monnaie internationale. D'abord consacré comme pivot du système monétaire international (SMI) par les accords de Bretton Woods, le dollar sera plébiscité à l'ère des changes flottants. Il est la devise la plus utilisée pour les transactions commerciales et financières, la plus échangée sur le marché des changes, la principale monnaie de réserve des banques centrales, et de référence plus ou moins explicite pour la conduite des politiques de change de nombreux pays. Il est encore, comme le notait Henri Bourguinat [1987], « le soleil autour duquel gravitent les autres monnaies satellites ».

Avec la financiarisation croissante de l'économie mondiale, cette inertie du SMI n'est pas sans conséquence car la polarisation sur le dollar étend l'influence de la politique monétaire américaine au-delà de ses frontières. Les économies émergentes et en développement subissent de plein fouet les effets de la politique de la Réserve fédérale (Fed) conçue pour les États-Unis avec des conséquences qui peuvent être considérables sur les mouvements de capitaux, les évolutions de leur taux de change et *in fine* leur croissance. À cela s'ajoute la politique extérieure américaine de plus en plus impétueuse (guerres commerciales et sanctions) qui utilise le dollar comme arme.

* Carl Grekou est économiste au CEPII.

Cette primauté du dollar héritée du système de Bretton Woods contraste avec la réalité actuelle, celle d'un monde de plus en plus multipolaire où le poids économique des États-Unis s'amenuise. Dans une économie mondiale en pleine crise sanitaire et dont la croissance garde encore les stigmates des dernières crises (crise financière mondiale, crise des dettes souveraines en zone euro), cette pérennisation du « privilège exorbitant » dont disposent les États-Unis fait ressurgir l'idée d'alternatives. Certaines forces sont déjà à l'œuvre, mais qu'en est-il vraiment ? Sommes-nous en passe d'assister au déclin du dollar ? Quelles alternatives se profilent ?

Le SMI et la naissance du dollar « roi »

Le SMI repose sur deux piliers : le premier formé par un ensemble de règles et de conventions, le second par des institutions. Ensemble, ils ont pour but de faciliter les interactions entre les monnaies, le commerce, les investissements et, de manière générale, les mouvements de capitaux entre les États. En termes simples, le SMI correspond donc au système et aux règles qui régissent l'utilisation de la monnaie, à la fois l'évaluation et l'échange. À cet égard, certains prérequis lui sont indispensables. En effet, le SMI doit : 1) fournir des moyens de paiements acceptables par tous ; 2) inspirer confiance ; 3) fournir des liquidités suffisantes et 4) disposer de mécanismes de correction des déséquilibres.

Cette définition, « moderne », renvoie l'image d'une construction sage et éclairée du SMI au niveau international. La plus connue, celle du système de Bretton Woods, est en effet initialement apparue comme une icône de raison. L'histoire, en revanche, nous rappelle le caractère accidentel des différentes mutations du SMI. Il en est ainsi du passage du bimétallisme au système d'étalon-or, qui tient à une succession d'événements débutant avec l'erreur de conversion or-argent d'Isaac Newton (alors maître de la monnaie royale britannique) et se parachevant, un siècle plus tard, avec le basculement de la Prusse, grâce aux indemnités en or reçues à la suite de la guerre franco-prussienne, dans un système d'étalon-or [Gosh *et al.*, 2003]. La livre sterling joue à cette époque un rôle pivot et la Banque d'Angleterre « conduit » le SMI. Durant la Première Guerre mondiale, la plupart des grandes nations, confrontées à des contraintes de financement, abandonnent l'étalon-or. Après la guerre, le contexte macroéconomique européen, caractérisé par des niveaux importants de dette et d'inflation — d'hyperinflation dans certains cas —, rend impossible un retour aux parités d'antan pour ces pays.

Malgré les accords de Gênes signés en 1922 et instaurant un système d'étalon-or modifié, l'étalon change-or, la Grande-Bretagne ne rétablit qu'en 1925 la parité de la livre vis-à-vis de l'or à son niveau d'avant guerre. La France, quant à elle, ne parvient à stabiliser réellement sa monnaie, préalable pour intégrer le système, qu'en 1926. Pendant ce temps, le dollar, en raison d'un meilleur contexte macroéconomique aux États-Unis et d'une relative stabilité, devient une monnaie de premier plan en entrant dans les réserves de change. L'étalon change-or fera toutefois long feu. La crise de 1929 va, en effet, exacerber la difficulté d'arbitrer entre l'objectif externe de maintien de la parité et les objectifs économiques internes alors plus que jamais importants. Dans ce contexte, la Grande-Bretagne suspend la convertibilité de la livre en 1931, les États-Unis celle du dollar en 1933, puis les pays du bloc or celle du franc en 1935-1936.

Hantés par les déboires des pays européens, et en particulier par l'expérience française de flottement du change après la Première Guerre, la France, la Grande-Bretagne et les États-Unis signent en 1937 un accord tripartite en vue de rétablir une certaine stabilité des taux de change. Mais la Seconde Guerre mondiale aura raison de cet accord et le nationalisme monétaire s'imposera à nouveau. Aussi, dès 1940, Britanniques et Américains entament des négociations pour une nouvelle mouture du SMI. Ces dernières aboutissent en juillet 1944 à la signature des accords de Bretton Woods. Le « dauphin » dollar est né. Ces accords vont en effet conférer au dollar un rôle pivot dans le SMI : seule monnaie convertible en or, le dollar devient la monnaie d'ancrage des autres monnaies.

Ce rôle central du dollar ne tient alors qu'à la position hégémonique — du point de vue économique et militaire — des États-Unis. Au sortir de la guerre, les États-Unis, en raison d'un boom industriel, dominent le commerce mondial avec des excédents commerciaux considérables et détiennent les trois quarts du stock d'or mondial [Aglietta et Moatti, 2000]. Cette forte asymétrie économique est cependant le talon d'Achille des Américains et du système de Bretton Woods. La situation ne peut être soutenable à long terme que si les économies des grandes puissances, partenaires commerciaux des États-Unis, redémarrent. Le plan Marshall va le permettre tout en assurant des débouchés aux exportations américaines, par le biais de subventions déguisées. Il va aussi permettre l'émergence d'un ordre économique et politique international positionnant les États-Unis en leader, sur fond d'allégeance au dollar comme monnaie internationale par excellence. Parallèlement, le marché financier américain, devenu central, et les investissements directs, dont les États-Unis sont une source importante, approvisionnent le reste du monde en dollar et renforcent son rôle.

À partir du milieu des années 1960, avec le rattrapage économique des anciens belligérants, la balance courante américaine devient déficitaire alors que, jusque-là, les excédents commerciaux permettaient de réduire les tensions liées aux déficits de la balance des capitaux. Le dollar permet alors aux États-Unis de vivre au-dessus de leurs moyens : monnaie de référence pour le commerce, le pétrole, les marchés et les réserves de change, il confère au pays un « privilège exorbitant » (Valéry Giscard d'Estaing) en lui permettant des « déficits sans pleurs » (Jacques Rueff). Les craintes alors formulées par Robert Triffin dans son célèbre paradoxe, qui met en exergue la contradiction du système de Bretton Woods, vont se confirmer : pour alimenter le monde en dollars, les États-Unis doivent enregistrer des déficits courants, mais ces déficits finiront par entamer la confiance dans le dollar compte tenu du stock limité d'or.

D'ailleurs, à la fin des années 1960, les réserves d'or détenues par les autorités américaines ne couvrent vraisemblablement plus les liquidités en dollar détenues par le reste du monde. Les déficits budgétaires creusés par la guerre du Vietnam entament davantage la confiance dans le dollar et exacerbent le paradoxe de Triffin. Le système de Bretton Woods est alors fragilisé : au sommet, par la connexion distendue entre le dollar et l'or ; à la base, par les difficultés de conduite des politiques monétaires, notamment en Europe, car l'afflux massif de capitaux américains fait augmenter la masse monétaire et alimente des tensions inflationnistes. La décision de la Bundesbank en mai 1971 de laisser flotter le mark va enclencher la spirale qui mènera à la fin du système. En août 1971, le président américain Richard Nixon décide unilatéralement de suspendre la convertibilité du dollar en or. Les accords du Smithsonian en décembre 1971 consacreront ainsi un dollar déconnecté de l'or, toujours dans un système de changes fixes à parités ajustables. Le dollar est, par ailleurs, dévalué et les marges de fluctuation des devises internationales autour du dollar sont élargies de 1 % à 2,25 %. Délestée de la contrainte de rattachement du dollar à l'or, la Fed met en œuvre une politique expansionniste à la veille des élections de 1972. Inflation et spéculation contre le dollar en résultent, avec pour conséquence des sorties successives du système de changes fixes. En 1973, le système de Bretton Woods est révolu. Seul vestige, le dollar roi. Autrefois statutairement central, il devient *de facto* indispensable et sera même plébiscité dans la nouvelle ère des changes flottants.

Le dollar : aujourd'hui comme autrefois

Le dollar n'a jamais perdu de son attrait. Bien au contraire. Nous vivons encore à une époque où l'économie mondiale est organisée autour du dollar, époque que certains qualifient à juste titre de Bretton Woods II. L'avènement de l'euro n'a rien changé à l'hégémonie du dollar. Il demeure la devise clé.

Servant de cadre de référence pour l'analyse des monnaies à l'échelle internationale, le tableau 1, proposé initialement par Kenen [1983], présente les différentes fonctions associées à la monnaie pour les secteurs public et privé.

Une monnaie internationale doit ainsi être une monnaie d'intervention sur le marché des changes, une monnaie d'ancrage — pour les autres monnaies — et de réserve pour le secteur public. Elle doit aussi être une monnaie véhiculaire, de libellé et d'investissement pour le secteur privé. Théoriquement, des frontières conceptuelles permettent de distinguer ces différentes fonctions de la monnaie. Mais, en réalité, ces fonctions ne

Tableau 1. **Les fonctions de la monnaie internationale**

	Intermédiaire des échanges	Unité de compte	Réserve de valeur
Secteur public	Devise pour les interventions de change	Monnaie d'ancrage	Réserves officielles de change
Secteur privé	Monnaie véhiculaire pour les transactions	Monnaie de libellé (commerce, marchés)	Monnaie d'investissement

sont pas indépendantes les unes des autres et il existe un lien fort entre les secteurs public et privé.

Le graphique 1 présente l'évolution du dollar et de l'euro comme monnaies de référence ou d'ancrage. Le constat est clair : le dollar demeure la monnaie de référence, et de loin. L'euro, quant à lui, même vingt ans après sa création, n'a guère plus d'importance que le franc et le mark en leur temps. En moyenne, 63 % des pays sont ancrés au dollar alors que seulement 29 % le sont à l'euro. En revanche, dollar et euro ont la même importance, environ 40 % [Gopinath, 2016], en tant que monnaies de facturation du commerce. Un pourcentage qui concorde avec celui sur les monnaies de règlement du réseau interbancaire de paiements SWIFT. On notera cependant la dimension internationale du dollar : les États-Unis représentent approximativement 11 % du commerce mondial, soit un rapport facturation en dollars/part dans le commerce de 3,7 contre un rapport de seulement 1,2 pour l'euro [Gopinath, 2016].

Sur le marché des changes, le dollar devance à nouveau largement les autres monnaies (graphique 2). Près de 90 % des

Graphique 1. **Évolution des monnaies de référence**
(en % du nombre de pays)

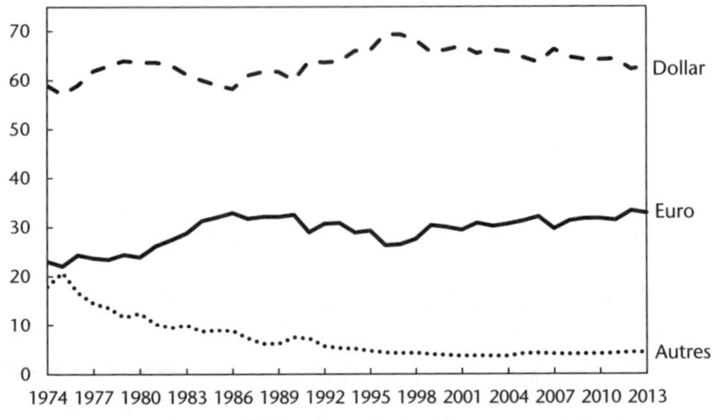

Note : les données correspondent aux observations consensuelles concernant la monnaie de référence entre les classifications *de facto* de régimes de change de Ilzetzki *et al.* [2019] et de Levy-Yeyati et Sturzenegger [2016]. Avant 1999, la part attribuée à l'euro correspond à la somme des parts du franc français et du mark allemand.

Source : calculs de l'auteur à partir de Ilzetzki *et al.* [2019] et Levy-Yeyati et Sturzenegger [2016].

transactions sur le Forex portent sur des échanges de dollars contre une autre devise — ce qui illustre le caractère central du dollar en tant qu'intermédiaire des échanges. La part des transactions en euro s'établit autour de 38 % en moyenne sur l'ensemble de la période, mais recule après un pic à 40 % en 2010 (32 % en 2019). Cette prépondérance du dollar sur le marché des changes résulte d'externalités de réseau qui font que, plus une monnaie est utilisée, plus il est avantageux de l'utiliser, externalités elles-mêmes étroitement liées à la liquidité du dollar et à son rôle de numéraire sur la plupart des marchés internationaux. Naturellement, le poids de la monnaie en tant qu'unité de compte — monnaie d'ancrage, de facturation du commerce — rejaillit sur sa fonction d'intermédiaire des échanges.

Sans grande surprise, le dollar étant la principale monnaie de référence et de transaction sur le marché des changes, les réserves de change des banques centrales sont encore composées principalement de dollars, 60 % en moyenne en 2019 (graphique 3). La part de l'euro, d'environ 18 % en 1999, a gagné 10 points de pourcentage sur la période allant jusqu'en 2009

Graphique 2. **Répartition par devises des transactions sur le marché des changes**
(en % du total des transactions sur le Forex)

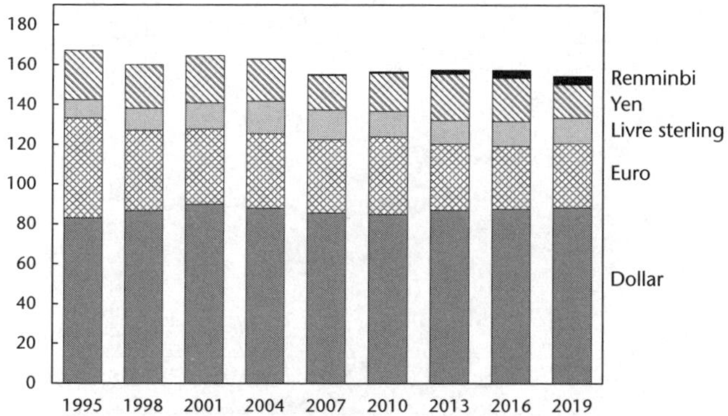

Note : comme chaque transaction implique nécessairement deux monnaies (l'une vendue, l'autre achetée), la somme des parts de toutes les monnaies dans le total des transactions atteint 200 %, mais la part maximale par devise est de 100 %. Avant 1999, la part des transactions en euro correspond à la somme des parts des transactions en monnaies nationales des pays de la zone.

Source : Banque des règlements internationaux, *Triennal OTC Derivatives Statistics*.

avant d'entamer une baisse — par à-coups — jusqu'à un plateau de 20 % depuis 2017. La livre sterling et le yen apparaissent plutôt stables, autour de 5 %, et le renminbi est en passe d'atteindre les 2 %. Le constat est le même en ce qui concerne la répartition par devises des prêts bancaires internationaux. Le volume des prêts contractés en dollar est, en 2019, plus de trois fois supérieur à celui des prêts contractés en euro (graphique 4). Cette prédominance du dollar, surtout depuis 2008, n'est pas sans lien avec la réduction de l'activité internationale des banques européennes successivement touchées par la crise financière de 2008 et la crise des dettes souveraines de 2010 à 2012.

Quasiment cinquante ans après la fin de Bretton Woods, le bilan est clair. L'émergence d'un système monétaire multipolaire — soutenu notamment par Barry Eichengreen [2011] — tout comme la fin de l'hégémonie du dollar ne sont toujours pas d'actualité.

Graphique 3. **Répartition par devises des réserves officielles de change**
(en %)

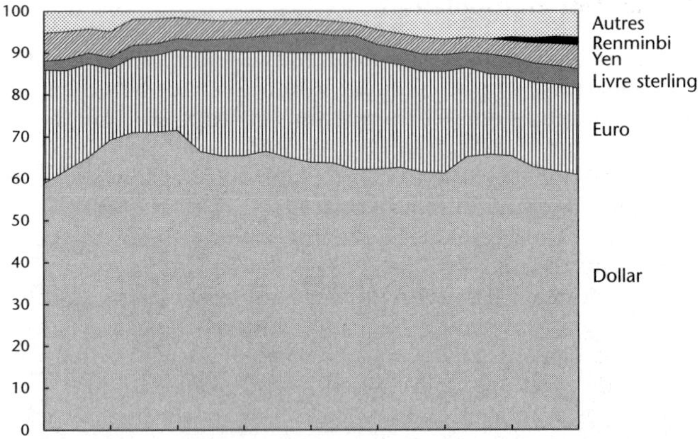

Note : avant 1999, la part des réserves en euro correspond à la somme des réserves en ECU et en monnaies des pays qui appartiennent à la zone euro depuis 1999.

Source : Fonds monétaire international, *World Currency Composition of Official Foreign Exchange Reserves.*

Graphique 4. **Dettes et prêts internationaux par monnaies de libellé**
(en % du PIB mondial)

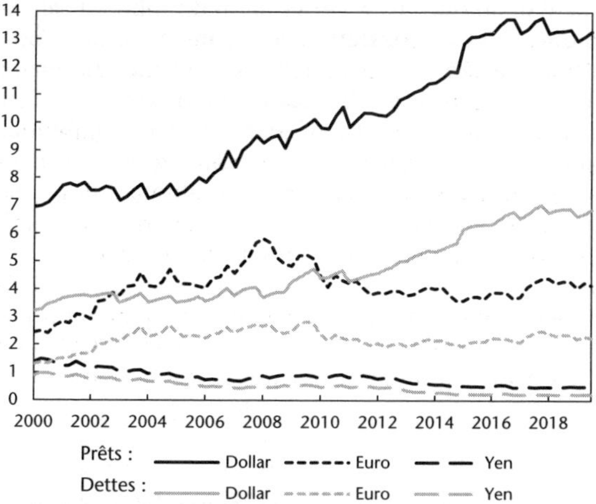

Source : Banque des règlements internationaux, *Global Liquidity Indicators.*

Vers un SMI multipolaire ?

Forces d'inertie, absence d'alternatives ou confiance/allégeance aux États-Unis ? Qu'est-ce qui explique ce statut immuable du dollar alors même que l'économie américaine perd de son importance ?

De façon non exhaustive et abstraction faite des considérations politiques (discutées plus bas), trois facteurs clés expliquent cette persistance : les externalités de réseau, la finance et l'absence de concurrents sérieux.

Ces externalités représentent pour ainsi dire le poids du passé. Elles se définissent comme des gains croissants à mesure qu'il y a plus de participants au réseau et conduisent ainsi à l'installation durable de positions dominantes. Dans le cadre du SMI, elles reflètent les avantages croissants à continuer d'utiliser le dollar à l'échelle internationale. Ces externalités de réseau s'appliquent à toutes les fonctions de la monnaie qui, encore une fois, sont très liées. Bien qu'il soit difficile d'établir le sens de la causalité, prenons par exemple pour point de départ l'usage du dollar dans les transactions sur le marché des changes. Le recours au dollar comme monnaie véhiculaire permet de réduire le nombre d'échanges bilatéraux de devises et d'améliorer ainsi la liquidité du marché des changes, c'est-à-dire la capacité qu'il fournit aux intervenants d'y réaliser les transactions souhaitées sans délai et à moindre coût. Le rôle central du dollar sur le marché des changes fait aussi que les États et les banques centrales, même lorsqu'ils n'ont pas d'objectif de change explicite, ne laissent pas le cours de leur monnaie vis-à-vis du dollar fluctuer trop amplement.

La profondeur des marchés financiers américains, c'est-à-dire leur faculté à absorber de gros volumes de transactions, et leur liquidité constituent le deuxième pilier de l'hégémonie persistante du dollar. En effet, ces marchés dominent la finance internationale. Cela n'est pas surprenant sachant que les États-Unis ont été les catalyseurs, sinon la source, de la financiarisation de l'économie mondiale. Le dollar est donc tout naturellement le numéraire sur tous les marchés de matières premières, et domine très largement les flux de capitaux. Plus profonds et plus liquides, les marchés américains sont aussi pourvoyeurs d'actifs sûrs, ce qui renforce la demande de dollars surtout en période de turbulences financières.

La persistance de l'hégémonie du dollar tient aussi à l'absence d'alternatives. Maintes fois challengé, en particulier par le mark et le yen dans les années 1980, le billet vert a maintenu son rang.

L'avènement de l'euro a un temps ravivé les espoirs d'un SMI *a minima* bipolaire. On se souvient à ce propos de l'optimisme de Jacques Delors, ancien président de la Commission européenne (1985-1995), déclarant : « Le petit euro deviendra grand. » Mais, plus de vingt ans après la création de la monnaie européenne, on l'a vu, le constat est tout autre. Il faut dire que beaucoup reste à faire pour parachever l'euro et lui permettre ainsi de prétendre au statut de monnaie internationale. Selon Benoît Cœuré [2019], trois grandes lacunes dans la conception institutionnelle de la zone euro plombent la monnaie unique.

La première est la capacité de l'euro à servir de monnaie refuge en période de turbulences financières. Pour atteindre ce statut de monnaie refuge, l'euro doit être perçu comme une réserve de valeur crédible par les investisseurs. Cela implique, en plus d'un cadre macroéconomique soutenable et crédible, l'existence d'actifs sûrs. Mais force est de constater que l'euro apparaît bien chancelant sur ces points. En effet, la zone euro n'offre que très peu d'actifs sûrs : les dettes libellées en euro notées AAA représentaient 10 % du PIB en 2018 contre plus de 70 % aux États-Unis pour les dettes AAA libellées en dollar. À cet égard, l'absence d'un titre de dette commun aux émetteurs de la zone euro — tels que le seraient des « eurobonds » — qui jouerait le rôle de dette liquide et sans risque, dessert l'euro auprès des investisseurs. Par ailleurs, avec la crise des dettes souveraines en zone euro, les règles budgétaires censées sécuriser les placements dans les titres souverains se sont révélées insuffisantes pour les marchés, d'autant qu'il existait des déséquilibres macroéconomiques importants à l'intérieur de la zone.

La deuxième insuffisance tient, toujours selon Benoît Coeuré, à la segmentation des marchés de capitaux européens, et plus spécifiquement à leur faible profondeur et leur liquidité limitée. Or des marchés financiers profonds et liquides sont essentiels pour conférer une stature internationale à une monnaie. Ils réduisent les coûts de transaction, rendant la monnaie plus attrayante pour les financements et les règlements internationaux, et, comme des marchés plus liquides atténuent le risque de refinancement, ils sont perçus comme plus sûrs par les investisseurs.

Enfin, la troisième faiblesse est la cacophonie européenne sur les questions internationales qui, en réduisant l'influence politique de l'Europe sur la scène internationale, érode la zone d'influence de l'euro. Ce dernier point, et plus précisément l'absence d'une hiérarchie claire entre les gouvernements et les institutions européennes en ce qui concerne la gouvernance — notamment économique — de la zone, constitue selon Cohen [2011] l'obstacle le plus important à l'internationalisation de l'euro. Ilzetzki *et al.* [2020] mettent aussi en avant d'autres facteurs relatifs à la finance et à son futur — tels que l'avance technologique des États-Unis et de la Chine — et relient, par ailleurs, la faible influence géopolitique de l'Europe et de l'euro, non pas à des dissensions internes, mais à son manque d'autonomie militaire vis-à-vis des États-Unis.

Somme toute, les insuffisances structurelles et institutionnelles de l'euro font qu'on ne peut raisonnablement pas le considérer comme un concurrent sérieux du dollar. Il ne l'a pas été ces vingt dernières années, et ne le sera très probablement toujours pas dans un futur proche. À moins que le plan de relance européen, adopté le 21 juillet 2020, ne soit un tout premier pas vers une union budgétaire dont pourrait émerger un marché de titres de dette mutualisée.

L'horizon d'un éventuel déclin du dollar est d'autant plus éloigné que le renminbi, nouveau concurrent désigné du dollar et dont l'internationalisation est en cours, reste étroitement lié au dollar. L'essentiel des échanges de la Chine se fait en dollar. Ses réserves de change sont aussi majoritairement en dollar et en partie composées de bons du Trésor américain (plus de 1 000 milliards de dollars, soit un peu plus de 15 % de la dette publique américaine détenue par l'étranger). La combinaison de ces deux facteurs rend la Chine très dépendante du dollar d'autant qu'elle ne peut se défaire rapidement de ses stocks de bons du Trésor car la baisse du dollar qui s'ensuivrait — en cas de vente massive — se traduirait pour elle par une perte de richesse nette. Nous touchons là probablement à la principale raison de l'hégémonie du dollar : aucun créancier n'a intérêt à ce que le dollar perde de sa valeur et surtout pas la Chine, qui a beaucoup investi dans le billet vert.

La réduction de cette dépendance au dollar suppose, peu importe la stratégie, un horizon relativement long qui concorde avec celui nécessaire pour atteindre un niveau de développement suffisant des marchés financiers chinois (voir chapitre VII) et étendre la zone d'influence de la Chine et donc le recours au renminbi dans les flux commerciaux, financiers et de dette. Certaines forces sont toutefois déjà à l'œuvre, en témoigne le positionnement de la Chine sur le marché pétrolier mondial avec le lancement de ses propres contrats à terme libellés en renminbi et l'initiative des Nouvelles Routes de la Soie, véritable pierre angulaire de la stratégie de conquête chinoise.

À n'en point douter, le dollar profite de l'absence de concurrents. Le renminbi prendra certainement de l'importance, mais rencontrera l'euro dans son ascension. L'attitude des pays de la zone euro sera donc déterminante pour le futur du SMI. Mais, plus qu'entre les mains de l'Europe ou de la Chine, le sort du dollar a toujours été et reste entre les mains des États-Unis. Ainsi, assez paradoxalement, le plus grand danger immédiat pour le dollar est la politique de plus en plus impétueuse des États-Unis dont le dollar est souvent l'instrument. L'usage abusif de sanctions par les États-Unis sous couvert de l'extraterritorialité du droit américain porte préjudice au dollar. Cette extraterritorialité leur permet d'invoquer le droit américain pour tout lien avec les États-Unis lors d'une transaction, même le plus infime, et donc d'étendre leur zone d'influence. De plus en plus amers face à des sanctions ressenties comme arbitraires, de nombreux pays expriment leur souhait de voir émerger des alternatives au dollar. La Russie, pour qui le dollar représente une véritable « arme politique » (Vladimir Poutine), a ainsi entrepris une dédollarisation de son économie depuis 2013 (baisse de la part du dollar dans les réserves, vente de la quasi-totalité de ses titres de dette américaine, émissions d'obligations en rouble et en euro) et organise son commerce autour d'autres monnaies (rouble, euro, renminbi). La Chine s'est également inscrite dans cette ligne. Sous le feu américain sur le plan aussi bien commercial, financier que technologique, la Chine développe des moyens pour être plus autonome vis-à-vis du dollar et notamment une alternative au réseau interbancaire SWIFT sous le joug des autorités américaines. Son système interbancaire de paiements, CIPS, lui permet d'effectuer des transactions internationales en renminbi sans subir la contrainte américaine sur les partenaires commerciaux acceptables, ce qui concourt à l'internationalisation de sa monnaie. Un système similaire est également à l'étude au niveau régional avec l'Inde, la Russie et d'autres pays. À pas feutrés, les Européens envisagent également une alternative de plus grande stature que Instex, mécanisme reposant sur des lignes de crédit — et donc ne nécessitant aucun transfert d'argent — et ayant vocation à favoriser les échanges commerciaux de produits non sanctionnés par l'embargo américain avec l'Iran sans utiliser le dollar.

Enfin, un nouveau front semble s'être ouvert, celui des monnaies digitales avec plusieurs concurrents dans les starting-blocks. Les *stable coins* (monnaies stables) portées par les géants du numériques comme la Libra de Facebook auront du mal à voir le jour car un tel projet transfère au secteur privé le pouvoir d'émission monétaire, élément clé de la souveraineté des États. Ce privilège ne saurait échapper aux autorités, en témoigne la riposte des institutions américaines sur les positions dominantes des géants du numérique, les « GAFA », et sur Facebook en particulier. Plus en aval, des questions de protection des données, de financement du terrorisme, d'évasion fiscale et de blanchiment d'argent se posent. Par ailleurs, la Libra se veut stable car adossée à un panier de monnaies. Mais y parviendra-t-elle ? Facebook et les entreprises qui embarqueront dans cette aventure disposeront-elles des moyens suffisants pour défendre sa valeur ? Autant de questions auxquelles s'ajoute celle de l'extraterritorialité du droit américain. Il n'y a donc rien de fondamentalement nouveau, sinon un maillon supplémentaire, opaque et inutile.

Quid d'un panier de cryptomonnaies officiellement émises par les banques centrales ? Cette proposition, portée par Mark Carney, l'ancien gouverneur de la Banque d'Angleterre, vise très clairement un remplacement du dollar dans les paiements internationaux par une « monnaie hégémonique synthétique ». Malgré un enthousiasme grandissant pour cette initiative, l'expérience des droits de tirage spéciaux (DTS) — assez similaire dans l'idée — peut faire douter de son succès. En effet, les nombreuses tentatives infructueuses pour développer l'usage des DTS s'expliquent par des coûts de transaction plus élevés en DTS qu'en dollar ou en euro qui ne sauraient être fondamentalement réduits avec un panier numérique — on notera également les nombreux doutes quant à l'utilité et à la liquidité des DTS. Par ailleurs, un tel panier de monnaies pose la question de la coordination à l'échelle internationale. De façon similaire, un « e-SMI » avec des cryptomonnaies émises individuellement par des banques centrales (e-dollar, e-euro, e-yen) ne serait-il pas simplement une transposition dans un monde virtuel des monnaies existantes ? À moins de définir de nouvelles règles monétaires, difficile de croire qu'une « nouvelle dématérialisation » des monnaies, déjà si scripturales, suffirait à établir un nouvel ordre monétaire international. La monnaie n'est pas qu'économique, elle est aussi politique et ô combien martiale.

Repères bibliographiques

AGLIETTA M. et MOATTI S. [2000], *Le FMI. De l'ordre monétaire aux désordres financiers*, Economica, Paris.

BOURGUINAT H. [1987], *Les Vertiges de la finance internationale*, Economica, Paris.

CŒURÉ B. [2019], « The euro's global role in a changing world : a monetary policy perspective », *Speech at the Council on Foreign Relations*, New York, 15 février.

COHEN B. [2011], *The Future of Global Currency*, Routledge, Londres.

EICHENGREEN B. [2011], *Un privilège exorbitant. Le déclin du dollar et l'avenir du système monétaire international*, Odile Jacob, Paris.

GOPINATH G. [2016], « The International Price System », *Jackson Hole Symposium Proceedings*.

GOSH A., GULDE A.-M. et WOLF H. C. [2003], *Exchange Rate Regimes. Choices and Consequences*, MIT Press, Cambridge.

ILZETZKI E., REINHART C. M. et ROGOFF K. [2019], « Exchange arrangements entering the 21st century : which anchor will hold ? », *Quarterly Journal of Economics*, vol. 134, n° 2, p. 599-646.

— [2020], « Why is the euro punching below its weight ? », *NBER Working Paper*, n° 26760.

Kenen P. [1983], « The role of the dollar as an international currency », *Occasional Paper*, n° 13, Group of Thirty.

Levy-Yeyati E. et Sturzenegger F. [2016], « Classifying exchange rate regimes : fifteen years later », *Center for International Development Working Paper*, n° 319.

The Economist [2020], « Dethroning the dollar : America's aggressive use of sanctions endangers the dollar's reign », *Briefing*, 18 janvier.

VII/ Le développement financier chinois : des précautions d'hier aux dangers d'aujourd'hui

*Camille Macaire**

Le développement du secteur financier chinois a débuté avec la conversion du pays à l'économie de marché à partir des réformes entamées en 1978. Mais ce n'est qu'après la crise financière de 2008 que sa croissance s'est fortement accélérée, portée notamment par l'expansion des banques. Le secteur bancaire en Chine est désormais de très loin le plus grand au monde, avec l'équivalent de quelque 33 milliers de milliards de dollars à son actif à fin 2018, autant qu'au bilan des banques de l'ensemble des pays de la zone euro. En seulement une décennie, la Chine a ainsi transformé les contours du système financier mondial.

Ce développement s'est effectué à l'intérieur de frontières fermées. La faible concurrence et la posture conciliante des autorités, qui souhaitaient avant tout soutenir la croissance économique, ont permis l'essor d'un vaste secteur de l'ombre, opaque et vecteur de risque systémique, et entraîné une explosion du taux d'endettement des agents économiques.

Mais le pays veut s'engager sur la voie d'une croissance plus soutenable. En 2017, Pékin a fait de l'assainissement du secteur financier un objectif stratégique officiel. Depuis lors, des réformes

---

* Camille Macaire est économiste à la Banque de France et chercheure associée au CEPII. Ce texte exprime l'opinion de l'autrice et ne reflète pas nécessairement le point de vue de la Banque de France.

ont été engagées pour contenir l'expansion du secteur de l'ombre, renforcer la sophistication des marchés financiers et rationaliser les grandes entreprises d'État.

Le séisme provoqué par la crise du Covid-19 est venu perturber ces engagements. Outre l'impact direct des mesures de confinement, l'économie chinoise est fortement pénalisée par la chute de la demande extérieure. Dans ce contexte, Pékin est contraint d'utiliser le secteur financier comme levier d'action pour soutenir l'activité.

Malgré tout, le stimulus annoncé reste modéré. Cette décision témoigne de la volonté du gouvernement de conserver des marges d'action pour accompagner l'activité économique à long terme, quitte à devoir accepter un ralentissement de la croissance à court terme. Mais elle reflète aussi une très forte détermination à ne pas saper les efforts entrepris, afin de donner à la Chine une stature de centre économique et financier crédible sur la scène mondiale. Avec les Nouvelles Routes de la Soie, le pays a indiqué son ambition de long terme : prendre une place de premier plan sur l'échiquier financier international.

La stratégie de Pékin : renforcer la sophistication du secteur financier et enclencher son ouverture à l'international

Après une décennie de très forte croissance, le secteur financier chinois est aujourd'hui gigantesque

Avant l'avènement de Deng Xiaoping et le début de l'ère des réformes économiques en 1978, le système financier chinois était extrêmement étroit, et structuré autour d'une seule banque : la Banque populaire de Chine (PBoC). Cette institution, détenue et contrôlée par le gouvernement central, servait à la fois de banque centrale et de banque commerciale. Les changements structurels n'ont débuté qu'au cours des années 1980, en vue d'accompagner la transition vers une économie de marché. La PBoC est alors devenue une entité distincte du gouvernement central, et quatre banques d'État ont été créées pour reprendre les activités de banque commerciale. Puis l'ouverture du secteur à la concurrence a permis l'émergence de nouvelles banques aux capitaux mixtes, d'un vaste réseau de coopératives de crédit locales et d'intermédiaires financiers non bancaires. Au début des années 1990, l'ouverture de places boursières à Shanghai et Shenzhen a contribué à l'expansion du secteur financier. Par la suite, c'est l'expansion très rapide du PIB chinois qui a entraîné celle du secteur financier. D'autant que le développement de l'économie de marché, encouragé par les réformes, a soutenu le niveau de financiarisation et d'endettement des agents économiques. Ainsi, entre 1985 et 2002, la dette des agents privés est passée de 65 % à 116 % du PIB. Par la suite, avec la crise asiatique de 1997, la forte hausse des prêts non performants qui a suivi et l'entrée de la Chine à l'OMC en 2001, Pékin a dû encadrer cette expansion. Ce faisant, entre 2002 et 2008, la dette des agents privés est restée quasiment stable en pourcentage du PIB.

Pour faire face à la crise de 2008, la Chine a décidé une relance massive du crédit dans le cadre d'un très vaste stimulus. S'est alors enclenchée une phase d'expansion sans précédent du secteur financier (graphique 1). La taille totale du secteur financier chinois reste bien inférieure à celle des États-Unis, mais celle de

Graphique 1. **L'essor du secteur financier chinois porté par celui des banques**
(en milliers de milliards de dollars)

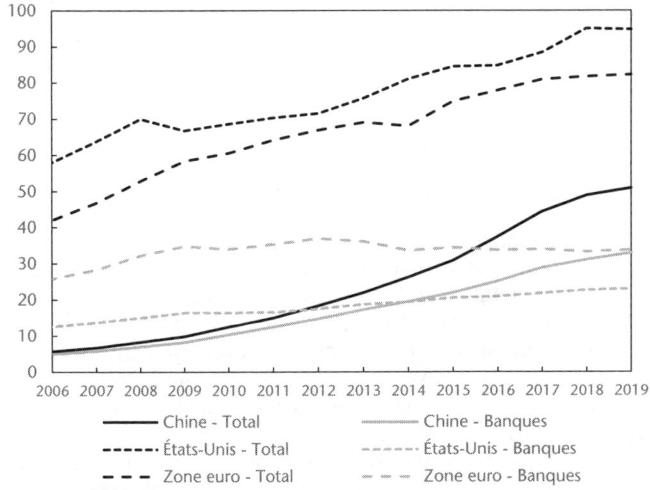

Note : les banques centrales ne sont pas prises en compte.

Source : Financial Stability Board.

son secteur bancaire, dont l'expansion a été très rapide depuis 2008, en fait désormais le plus large au monde, équivalent à celui de l'ensemble des pays de la zone euro [Financial Stability Board, 2020]. Fin 2019, les quatre premières banques du monde en taille d'actifs étaient chinoises.

Malgré cette forte expansion, le secteur est resté extrêmement protégé de la concurrence internationale et toujours largement fermé et encadré, jusqu'à la libéralisation très progressive intervenue au cours des toutes dernières années. Ceci a permis de préserver les banques et d'orienter les financements en fonction des politiques de développement du gouvernement, dans le cadre d'un modèle économique qui a contribué au « miracle économique » chinois.

Mais ce modèle fermé a aussi entraîné la constitution de fragilités structurelles du secteur financier en Chine. Les financements bancaires étaient, en effet, proposés en priorité et à faible taux aux grandes entreprises d'État (*state owned enterprises*, ou SOE) servant les intérêts stratégiques de Pékin, au détriment des entreprises privées en moyenne plus profitables, ce qui a pesé sur la rentabilité moyenne du capital. Par ailleurs, pour soutenir l'activité après la crise de 2008, les autorités se sont montrées conciliantes vis-à-vis de l'innovation financière. Associée à une concurrence internationale quasi inexistante, cette attitude a permis l'émergence d'un vaste réseau d'institutions non bancaires peu régulées et de nouveaux modes de financement complexes, constitutifs d'un important secteur de l'ombre, opaque et vecteur de risque, le *shadow banking*.

L'assainissement du secteur financier est un objectif stratégique de Pékin

Au cours des dernières années, les dirigeants du pays se sont engagés à renforcer la lutte contre les risques financiers et à mieux encadrer les bulles d'actifs. En 2017, le président Xi Jinping a indiqué que la stabilité financière était un élément clé pour la sécurité nationale. Cette déclaration a donné le coup d'envoi à une série de mesures visant à réglementer plus étroitement le secteur de la banque et de l'assurance et à juguler l'expansion du *shadow banking*.

Cette stratégie a été maintenue malgré le ralentissement économique graduel et les risques liés à la guerre commerciale avec les États-Unis. De 2016 à fin 2019, l'objectif de croissance a été abaissé de « 6,5 %-7 % » à « environ 6 % ». Dans le même temps, les décideurs ont commencé à minimiser l'importance de la cible numérique et ont davantage souligné l'importance de la qualité de la croissance. En d'autres termes, un changement d'opinion s'est opéré parmi les dirigeants sur l'arbitrage entre croissance à court terme et viabilité à moyen terme, et sur l'équilibre entre politique cyclique et réforme structurelle.

Dans cette campagne de désamorçage du risque financier, plusieurs réformes se sont déroulées simultanément.

D'une part, l'effort a porté sur la réduction des capacités excédentaires et de restructuration des entreprises publiques en difficulté. Une réforme nécessaire car la rentabilité moyenne des SOE industrielles restait mi-2019 encore deux fois inférieure à celle des entreprises privées.

D'autre part, les activités du *shadow banking* ont fait l'objet d'un contrôle renforcé, entraînant une contraction ininterrompue du secteur à partir du milieu de l'année 2018, après des années de forte croissance. Les actifs catégorisés dans ce secteur parallèle se chiffraient en effet à 87 % du PIB fin 2016, et à 62 % du PIB en septembre 2019, selon l'agence Moody's.

En parallèle, le gouvernement a autorisé un nombre croissant de faillites, afin de briser l'idée selon laquelle il viendrait systématiquement au secours des créanciers d'entreprises en difficulté pour éviter tout impact négatif sur l'activité. Cette garantie implicite encourage sinon les investisseurs à financer des projets sans considérer pleinement les risques associés. À titre d'exemple, Pékin a pris le contrôle de la Baoshang Bank, défaillante, en mai 2019, en imposant des décotes à une partie des créanciers malgré les risques de perturbation induits dans le secteur bancaire.

La libéralisation des marchés financiers a commencé

Depuis 2014, les autorités chinoises ont renforcé le processus graduel d'ouverture du secteur financier à l'international ; en particulier, la libéralisation progressive des immenses marchés financiers intérieurs (deuxièmes plus larges du monde). Les programmes *Stock Connect* d'une part, et *CIBM Direct* et *Bond Connect* d'autre part, ont considérablement allégé les contraintes réglementaires imposées aux investisseurs étrangers pour accéder aux marchés boursiers et obligataires chinois. Ainsi, les avoirs étrangers en obligations domestiques chinoises ont presque triplé entre la mi-2017 et la mi-2020.

Cette stratégie vise plusieurs objectifs. Tout d'abord, libéraliser progressivement les flux sortant de Chine permet d'accompagner une réorientation en douceur de l'épargne excédentaire des Chinois depuis des classes d'actifs domestiques risquées ou à faible rendement vers les actifs étrangers, et assure ainsi une meilleure allocation du capital. De manière symétrique, une plus grande ouverture aux flux financiers en provenance de l'étranger renforce l'attractivité de la Chine comme marché d'accueil pour les investissements étrangers. Ceci permet de compenser en partie les flux sortants et de contrebalancer le recul de l'excédent courant de la Chine, mais assure aussi l'importation de bonnes pratiques et du savoir-faire des investisseurs internationaux. Cela contribue en effet à l'alignement du secteur financier chinois sur les normes internationales en matière de notation de crédit et de cadre juridique, et au développement de segments de marché nouveaux et plus sophistiqués, tels que les produits dérivés.

La crise du coronavirus retarde la poursuite des réformes

Le système financier présente toujours d'importantes fragilités

La crise sans précédent initiée par la situation sanitaire liée au Covid-19, qui a paralysé le pays durant plusieurs mois au début de l'année 2020, constitue une épreuve majeure pour le secteur financier chinois. Car, malgré les réformes récentes visant à mieux encadrer l'endettement, à juguler le développement du *shadow banking* et à affaiblir les garanties implicites de l'État, le processus d'assainissement du secteur financier chinois n'en est qu'à ses débuts, et les fragilités restent importantes [Peresa et Vidon, 2019]. Dans son rapport sur la stabilité financière dans le monde publié en octobre 2019, le FMI estimait « très élevées » les vulnérabilités financières en Chine. En cause, plusieurs éléments caractéristiques du système financier chinois.

D'abord, le niveau d'endettement toujours très élevé des entreprises. Le ratio de leur dette au PIB, une mesure de leur effet de levier, figure désormais parmi les plus élevés au monde, à près de 150 % du PIB fin 2018. Il a augmenté de près de 65 points de pourcentage en une décennie (graphique 2), soit la croissance la plus rapide parmi les plus grands pays du monde. Ensuite, la faible profitabilité des SOE. Les fusions entre entreprises publiques

Graphique 2. **La montée de l'endettement des agents économiques en Chine**
(en % du PIB)

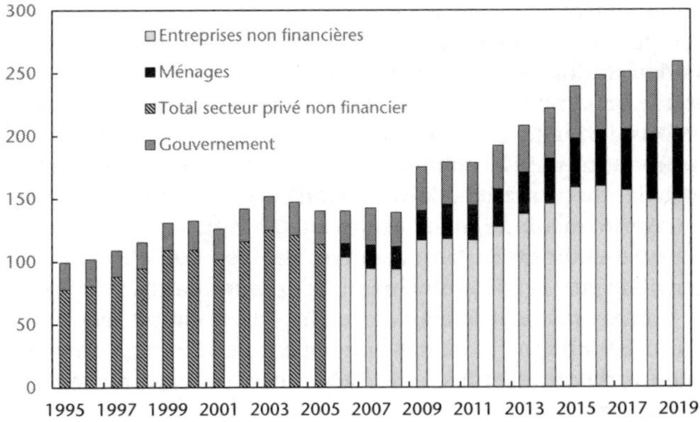

Source : Banque des règlements internationaux.

centrales ont accru leur pouvoir de marché, mais la question de leur efficacité demeure. Les efforts du gouvernement, qui s'est fixé pour objectif de restructurer toutes les entreprises « zombies » à court terme, sont louables, mais parent surtout à l'urgence et sont toujours principalement concentrés sur les SOE en situation extrêmement dégradée. Un assainissement plus large reste donc nécessaire pour permettre à ce secteur de retrouver des niveaux de rentabilité plus soutenables. Enfin, l'attitude des autorités locales reste porteuse de risques. En effet, malgré des limites d'endettement strictes, les gouvernements locaux portent le risque d'importants investissements parallèles, officiellement pris en charge par des véhicules d'investissement ou des entreprises publiques locales. Plus généralement, la structure imbriquée du secteur financier, qui lie de manière étroite et opaque le secteur bancaire et les institutions financières non bancaires, reste fragile et sujette au risque systémique.

L'attractivité des marchés financiers chinois pour les investisseurs étrangers reste faible

Si l'ouverture des marchés financiers est enclenchée, les risques associés à ce processus ont poussé les autorités à rester très prudentes, en adoptant une approche graduelle. Outre le risque d'éclatement de bulles d'actifs comme dans l'immobilier, une plus grande ouverture éroderait le contrôle des autorités sur les taux d'intérêt de la dette. Or les financements bon marché des dépenses des gouvernements locaux par émission obligataire sont au cœur des mécanismes de soutien à la croissance économique. Par ailleurs, une plus grande libéralisation du compte de capital rend plus difficile le contrôle du taux de change, ce qui peut être problématique car la stabilité des prix et celle de l'emploi sont les objectifs majeurs du modèle économique chinois et constituent un facteur crucial de la légitimité du Parti communiste.

Le risque lié à l'affaiblissement des contrôles de capitaux s'est d'ailleurs matérialisé lors de la tourmente déclenchée par des sorties massives de capitaux entre août 2015 et début 2016. Lorsque les perspectives de croissance économique sont devenues plus incertaines en Chine, les flux financiers aux frontières du pays se sont brusquement inversés, contraignant les autorités à mobiliser près de 1 000 milliards de dollars de réserves de change pour éviter l'effondrement du renminbi et stabiliser l'économie. Cet épisode de panique est emblématique de l'impact négatif que la libéralisation du compte de capital peut avoir dans les pays présentant des marchés financiers peu développés et des infrastructures institutionnelles trop fragiles [Eichengreen *et al.*, 2011].

Comme l'ont révélé les mouvements de capitaux en 2015 et 2016, les motivations qui sous-tendent les flux sortants restent très sensibles, tandis que les investisseurs internationaux sont prudents lorsqu'il s'agit d'investir en Chine. Ceux-ci restent partagés entre d'une part les opportunités offertes par le vaste marché chinois, et d'autre part les contrôles de capitaux aux frontières, mais aussi le faible niveau de sophistication des marchés domestiques. L'opacité des comptes des entreprises, la faible crédibilité des notations de crédit et les défauts de paiement imprévisibles (encore rares toutefois) rendent en effet difficile l'évaluation des risques sur les marchés chinois. De plus, le marché des obligations des gouvernements locaux, qui constitue plus d'un quart du marché obligataire total, présente des vulnérabilités fortes. Depuis la réforme fiscale de 1994, l'équilibre budgétaire des administrations locales a, en effet, été radicalement modifié, évoluant vers des déficits persistants et très hétérogènes d'une province à l'autre. Enfin, la faiblesse du marché des instruments de couverture et les incertitudes quant à l'application des lois en matière de faillite incitent les investisseurs étrangers à la prudence [Aglietta et Macaire, 2019].

Au total, les réformes et l'ouverture ont certes stimulé l'appétit des investisseurs étrangers pour les actifs chinois, mais ceux-ci sont encore très minoritaires : fin 2019, leur part sur les marchés obligataires et actions atteignait seulement, respectivement, 2,5 % et 3 % du total. Afin d'enclencher un cycle durable de flux entrant en Chine, des progrès doivent encore être faits sur la transparence des comptes d'entreprise, la sophistication des outils de couverture de risque accessibles aux investisseurs étrangers, et le renforcement des cadres légaux qui régissent les règlements des différends et des faillites.

Les réformes sont retardées par l'urgence sanitaire, mais Pékin veut maintenir le cap

Le choc économique sans précédent causé par la crise du coronavirus exerce une très forte pression sur les actifs au bilan des institutions financières. L'activité au premier trimestre 2020 a marqué une chute très sévère de 6,8 % par rapport au premier trimestre 2019. C'est la première contraction annuelle de l'activité depuis le début de la publication officielle des chiffres de croissance en 1993. Face à l'incertitude sur la sévérité du choc, les autorités ont même choisi pour la première fois de ne pas annoncer de cible de croissance pour 2020. Outre l'impact direct sur l'activité lié à la fermeture des commerces, à la chute des revenus en particulier pour les travailleurs migrants et à la dégradation de la confiance qui pénalise aussi la consommation et l'investissement, l'économie chinoise est également touchée de plein fouet par le recul de la demande étrangère qui frappe son secteur exportateur.

Pour les banques, ceci se matérialise par des risques accrus sur leurs encours de crédit aux particuliers et aux entreprises. Dans son rapport sur la stabilité financière de la Chine publié en novembre 2019, la PBoC a détaillé les résultats d'un vaste *stress test* mené sur les banques chinoises. Le ratio des prêts non performants au bilan des trente plus grandes banques du pays augmenterait à 7,4 % dans le cas où la croissance ralentirait à 4,15 %, une éventualité alors considérée comme le scénario du pire. Or la croissance chinoise devrait s'établir à un niveau inférieur cette année : le FMI table, par exemple, sur une croissance de 1 % pour 2020.

Officiellement, le ratio de prêts non performants a augmenté de seulement 0,06 point de pourcentage au premier trimestre, à 2,04 %. Mais ceci masque des ajustements réglementaires permettant aux entreprises de différer ou refinancer une partie de leurs créances, en repoussant ainsi le problème dans le temps.

Les banques commerciales rurales sont parmi les plus vulnérables, dans la mesure où elles constituent les principaux créanciers des petites et moyennes entreprises privées, très touchées par la crise économique. Dans le *stress test* de la PBoC, un tiers des petites institutions rurales étaient notées « à haut risque » (contre 13 % pour toutes les banques). Les inquiétudes qui se cristallisent sur ces institutions sont également liées au fait qu'elles sont peu transparentes (un peu plus de 20 % d'entre elles seulement publient des rapports annuels) et présentaient avant le déclenchement de la crise une situation financière déjà plus dégradée que les banques de plus grande taille. Fin 2019, leur ratio agrégé de prêts non performants s'élevait à près de 4 %, soit quasiment le double du ratio observé dans les banques urbaines.

Face à l'urgence de la crise, et pour soutenir les institutions financières, Pékin semble avoir relégué temporairement la réforme du système financier au second plan. Des aides fiscales ciblées, un plan d'investissement dans les infrastructures, des facilités de prêts bon marché au guichet de la banque centrale ainsi qu'une baisse des taux de réserves obligatoires des banques ont été mis en place afin d'alléger la pression sur les entreprises les plus pénalisées et d'éviter une crise de liquidité dans le secteur bancaire.

Néanmoins, malgré les risques extrêmement importants sur l'activité, les autorités n'ont pas recouru à un stimulus budgétaire ou monétaire massif. Au contraire, la banque centrale est restée conservatrice au regard de la situation et par rapport à d'autres grandes banques centrales, en particulier la Fed et la BCE, tandis que les investissements publics dans les infrastructures vont certes accélérer, mais resteront modérés.

Le mot d'ordre a été de limiter le risque de replonger dans une spirale d'endettement comme après le stimulus massif déployé après la crise de 2008, et de garder comme priorité de moyen terme l'assainissement financier de l'économie chinoise. Le ton actuel des représentants politiques indique que le gouvernement souhaite apporter un soutien économique soutenu sur une longue période, plutôt qu'une très forte injection de liquidités sur un temps court.

La vision de long terme : prendre une place de premier plan sur l'échiquier mondial

Les Nouvelles Routes de la Soie et la géopolitique de la finance

Avec les Nouvelles Routes de la Soie, en anglais *Belt and Road Initiative* (BRI), la Chine s'est donné pour mission de réactiver les liens commerciaux, financiers et diplomatiques entre les pays d'Asie, d'Afrique et d'Europe, en passant par des voies terrestres (la *Belt*) et maritimes (la *Road*). Depuis le lancement de ce vaste projet en 2013, la Chine a mobilisé ses ressources financières pour investir massivement dans les pays concernés, en particulier dans les infrastructures [Bertuzzi *et al.*, 2019]. En contribuant à leur développement, elle s'assure ainsi de nouveaux débouchés économiques et renforce son empreinte mondiale. Progressivement, le cadre géographique initial s'estompe et l'initiative englobe désormais des pays du monde entier ayant besoin de financer leur développement. Pékin se positionne ainsi au cœur d'un projet international visant à transformer la mondialisation.

Entre 2013 et 2020, près de 750 milliards de dollars ont été investis dans les pays de la BRI, selon l'Institute of International Finance. À titre de comparaison, le plan Marshall s'élevait à environ 135 milliards de dollars en monnaie actuelle. Au-delà de l'ampleur gigantesque du projet, la BRI porte des stratégies de développement à long terme (transition énergétique, innovations numériques, infrastructures) et pourrait conférer à la Chine un rôle de précurseur dans des secteurs d'avenir, comme les énergies renouvelables ou les infrastructures de santé.

La réussite de la BRI, qui prévoit la construction d'une « communauté de destin commun », dépendra de la capacité de Pékin à créer une émulation parmi les pays émergents et à s'ériger en « développeur bienveillant ». Or les soupçons concernant les objectifs et les stratégies de négociation de Pékin et la crainte d'une dépendance excessive à l'égard d'un seul pays ont nui à l'image de la BRI. Fin 2017, la cession du port sri-lankais de Hambantota à des entreprises chinoises après que le pays a reconnu avoir du mal à rembourser sa dette a alarmé la communauté internationale sur les risques que la Chine, par sa puissance financière, s'érige en position dominante et mette ainsi en danger les souverainetés nationales.

Gouvernance financière internationale : la posture ambivalente de la Chine

Malgré son empreinte globale, la BRI n'est pas encore un projet multilatéral [OCDE, 2018]. Fin 2018, les projets liés à l'initiative ont été, en effet, financés à plus de 80 % par des banques de développement ou des banques commerciales chinoises. Les banques multilatérales de développement, en particulier la Banque asiatique d'investissement dans les infrastructures et la Nouvelle Banque de développement, restent extrêmement minoritaires, avec 2 % seulement du financement total de la BRI pour l'instant.

Par ailleurs, Pékin présente une attitude ambivalente vis-à-vis de la gouvernance financière internationale. La faible coopération des institutions chinoises avec les bailleurs de fonds internationaux dans le cadre de la BRI tient à une incompatibilité entre les modes opératoires et les standards en matière de transparence, de gouvernance et de soutenabilité des dettes. Le Center for Global Development a publié un document en mars 2018 identifiant huit pays présentant des risques élevés de surendettement en raison de financements liés à la BRI [Hurley *et al.*, 2018]. Par ailleurs, malgré son rôle croissant en tant que prêteur international, la Chine a une politique opaque en matière de gestion des dettes et n'a toujours pas rejoint le Club de Paris.

À l'inverse, la Chine contribue activement aux concertations internationales sur le financement de la transition énergétique. En 2017, la PBoC a participé avec sept autres banques centrales au lancement du *Network for Greening the Financial System*. Ce réseau, qui compte désormais plus de soixante membres, a pour objectif de stimuler la concertation internationale visant à renforcer le rôle du système financier dans la gestion des risques climatiques et la transition énergétique. Pékin se montre aussi précurseur sur la mise en place de mécanismes pour soutenir la finance verte sur le territoire chinois. La PBoC a notamment défini dès 2015 le type de projets éligibles à l'émission d'« obligations vertes », un label permettant d'identifier des projets ancrés dans la transition énergétique. Cette initiative a permis de définir un cadre clair et a contribué à l'émergence très rapide de ce segment de marché. Fin 2018, la Chine était le deuxième émetteur d'obligations vertes (18 % du marché mondial), après les États-Unis (20 % du marché mondial) [Climate Bonds Initiative, 2018].

Le positionnement de pourvoyeur majeur de financements internationaux et l'implication, certes ambivalente mais croissante, de la Chine dans la gouvernance financière mondiale posent la question de son rôle dans le système monétaire international et de l'usage au-delà de ses frontières de sa monnaie, le renminbi.

Vers un rééquilibrage du système monétaire international ?

En parité de pouvoir d'achat, la Chine est aujourd'hui la plus grande économie du monde (19 % du PIB mondial en 2019 selon le FMI) et présente un marché de consommation gigantesque qui attire les capitaux étrangers. C'est ainsi que se pose la question de la connexion entre les flux financiers internationaux et la devise en usage dans le pays.

En parallèle, bien que la BRI ait suscité des réactions mitigées à l'étranger, elle devrait continuer à renforcer l'empreinte financière internationale de la Chine, ce qui plaide en faveur d'une augmentation des dépôts d'acteurs privés et des réserves de change en renminbi. En effet, si la devise chinoise reste très minoritaire dans les flux financiers de la Chine avec le reste du monde, le nombre d'institutions financières utilisant le renminbi n'a cessé d'augmenté : 2 214 à mi-2019 contre 1 989 à mi-2017, selon l'institut SWIFT.

Par ailleurs, Pékin renforce le cadre institutionnel permettant l'internationalisation du renminbi. Mi-2019, la Chine avait signé des accords bilatéraux d'échanges de devises (*swaps*) avec trente-huit pays, pour un total de 3 700 milliards de renminbis. En outre, Pékin a mis en place un réseau permettant d'échanger le renminbi contre d'autres devises en dehors du territoire chinois, en créant ainsi un marché des changes liquide pour tous les fuseaux horaires.

Le FMI a reconnu les efforts de Pékin pour initier la convertibilité du compte de capital et pour renforcer la sophistication de ses marchés financiers, en incluant le renminbi dans le panier des droits de tirage spéciaux (DTS) en octobre 2016, avec une pondération de 10,92 %. À ce titre, il est important que Pékin continue de montrer sa volonté de poursuivre les réformes visant à renforcer le degré d'ouverture et le niveau de sophistication de ses marchés financiers avant le prochain examen par le FMI du panier du DTS prévu en 2021.

Mais, malgré ces progrès, la part du renminbi dans les paiements mondiaux reste très faible (seulement 1,85 % du total en mars 2020 selon les données SWIFT), loin de correspondre au rôle actuel de la Chine dans l'économie mondiale (voir chapitre VI).

Si la Chine souhaite réellement s'inscrire dans le système monétaire international, elle doit prouver sa capacité à émettre un actif de réserve sûr, liquide et accessible pour les investisseurs étrangers. Certaines des réformes nécessaires sont déjà enclenchées, comme l'ouverture de canaux rendant le marché obligataire du pays accessible aux investisseurs étrangers. Mais cela nécessite également une ouverture plus large du compte de capital et un taux de change plus flexible. Plus encore, la crédibilité de la Chine en tant qu'émetteur d'un actif de réserve dépendra de sa volonté de renforcer la transparence et la solidité financière des émetteurs publics, voire de garantir une plus grande indépendance de la Banque centrale qui devrait pouvoir agir comme prêteur en dernier ressort. Or les autorités ont clairement indiqué que des réformes politiques et institutionnelles de cette envergure n'étaient pas à l'ordre du jour. Ceci signifie que Pékin ne semble pas, à ce jour, disposé à assumer les contraintes traditionnellement associées à une devise clé.

Pour autant, la Chine a réussi à franchir les premières étapes visant à ériger le renminbi au rang de monnaie de réserve internationale (notamment avec l'inclusion dans les DTS). C'est avant tout par son poids grandissant dans le système financier international que la Chine s'impose sur la scène mondiale. Le projet des Nouvelles Routes de la Soie est l'instrument phare de cette expansion financière. La Chine ambitionne, en effet, de devenir le nouveau centre fort pour les pays qui ont besoin de financer leur développement. Par la finance, elle crée des liens durables qui pourraient, finalement, soutenir l'internationalisation de sa devise. Dans cette perspective, la Chine s'inscrirait dans un système monétaire international multipolaire, où l'émergence d'un bloc structuré autour du renminbi finirait par remettre en question le rôle du dollar comme devise clé hégémonique.

Repères bibliographiques

AGLIETTA M. et MACAIRE C. [2019], « Setting the stage for RMB internationalization : liberalizing the capital account and strengthening the domestic bond market », *CEPII Policy Brief*, n° 28, juin.

BERTUZZI M., MELONIO T., PORNET A. et TREMEL L. [2019], « Vers de "Nouvelles Routes de la Soie" durables ? », *AFD Policy Paper*, n° 2, novembre.

CLIMATE BONDS INITIATIVE [2018], *Green Bonds. The State of the Market 2018.*

EICHENGREEN B., GULLAPALLI R. et PANIZZA U. [2011], « Capital account liberalization, financial development and industry growth : a synthetic view », *Journal of International Money and Finance*, vol. 30, n° 6, p. 1090-1106.

FINANCIAL STABILITY BOARD [2020], *Global Monitoring Report on Non-Bank Financial Intermediation 2019*, janvier.

HURLEY J., MORRIS S. et PORTELANCE G. [2018], « Examining the debt implications of the Belt and Road Initiative from a policy perspective », *Center for Global Development Policy Paper*, n° 121.

OCDE [2018], « China's Belt and Road Initiative in the global trade, investment and finance landscape », *OECD Business and Finance Outlook 2018*, OCDE, Paris.

PERESA I. et VIDON E. [2019], « Éponger les créances douteuses en Chine : les *bad banks* ne suffisent pas », *Bloc-notes Eco*, Banque de France, 29 septembre.

Base de données sur l'économie mondiale

Retrouvez les définitions des indicateurs présentés, des précisions sur les sources utilisées et la composition des zones retenues sur le site du CEPII à l'adresse suivante :

www.cepii.fr/CEPII/fr/publications/economie_mondiale.asp

TABLEAU I. LES GRANDES ZONES DE L'ÉCONOMIE MONDIALE

	PIB courant en milliards de dollars	PIB_{PPA} en milliards de dollars (base 2017)	Population en millions d'habitants	PIB_{PPA} par habitant en dollars (base 2017)	Croissance annuelle moyenne (en %) PIB_{PPA}		Pop.	Croissance du PIB_{PPA} (en %) (p : prévisions)		
	2019	2019	2019	2019	2009/2000	2019/2009	2019/2009	2019	2020p	2021p
Monde	**87 322**	**130 460**	**7 676**	**16 996**	**3,3**	**3,5**	**1,2**	**2,9**	**– 4,9**	**5,4**
Amérique du Nord	24 546	25 039	497	50 385	1,6	2,3	0,8	2,0	– 8,3	4,4
Amérique du Sud	4 089	7 866	516	15 232	3,5	2,1	1,0	1,0	– 9,1	3,8
Union européenne à 27	15 587	19 846	447	44 381	1,4	1,6	0,1	1,7	– 8,3	5,8
Autres Europe	4 869	6 735	183	36 847	2,3	3,1	1,0	1,2	– 8,0	5,7
CEI*	2 303	5 831	292	19 984	2,5	2,2	0,5	2,1	– 6,2	4,0
Afrique du Nord et Moyen-Orient	3 580	7 511	455	16 492	4,6	2,8	1,9	0,4	– 3,5	2,7
Afrique subsaharienne	1 758	4 522	1 109	4 079	5,7	3,6	2,7	2,5	– 3,2	3,4
Japon	5 082	5 231	126	41 468	0,3	1,3	– 0,1	0,7	– 5,8	2,4
Chine	14 343	22 494	1 399	16 080	10,5	7,6	0,5	6,1	1,0	8,2
Autres Asie du Nord et du Sud-Est	5 646	11 586	689	16 817	4,6	4,5	1,1	3,6	– 2,6	5,2
Australie et N.-Zélande	1 628	1 518	30	50 434	3,1	2,6	1,5	1,8	– 4,5	4,0
Asie du Sud et Pacifique	3 891	12 281	1 933	6 354	6,2	6,5	1,3	5,8	– 4,1	5,5

* Communauté des États indépendants.

Sources : CEPII, base de données CHELEM-PIB ; prévisions de croissance du PIB PPA : calculs de l'auteur à partir de CHELEM-PIB et du FMI, *World Economic Outlook Update*, juin 2019 (UE : Commission européenne du 7 juillet 2020).

Tableau II. Les principaux pays du monde : PIB$_{PPA}$ (base 2017) supérieur à 270 milliards de dollars en 2019

	PIB courant en milliards de dollars	PIB$_{PPA}$ en milliards de dollars (base 2017)	Population en millions d'habitants	PIB$_{PPA}$ par hab. en dollars (base 2017)	Croissance annuelle en termes réels – moyenne 2019/2009		2019	FBCF	Export. de biens et serv.	Solde courant	Consom. d'énergie par hab. (kg éq. pétr.)	Indice de dévelop-pement humain
								en % du PIB				
	2019	2019	2019	2019	PIB	PIB/hab.	PIB	2018*	2018*	2019	2015*	2018
Amérique du Nord												
Canada	1 736	1 843	37	49 512	2,2	1,1	1,7	23	32	– 2,0	7 631	0,922
États-Unis	21 428	20 560	329	62 498	2,3	1,6	2,3	21	12	– 2,3	6 806	0,920
Mexique	1 258	2 519	128	19 746	2,7	1,4	– 0,1	22	39	– 0,2	1 537	0,767
Amérique du Sud												
Argentine	450	990	45	22 058	1,3	0,2	– 2,2	14	14	*– 0,8*	*2 030*	0,830
Brésil	1 856	3 078	211	14 584	1,3	0,4	0,9	15	15	*– 2,7*	*1 496*	0,761
Chili	282	459	19	24 226	3,3	2,1	1,1	21	29	– 3,9	2 006	0,847
Colombie	324	742	50	14 734	3,7	2,5	3,3	21	16	– 4,3	*724*	0,761
Cuba	102	315	11	27 818	2,3	2,2	2,1	11	15		*1 035*	0,778
Pérou	211	420	33	12 927	4,5	3,3	2,6	21	25	– 1,4	*790*	0,759
Vénézuela	159	527	29	18 502	0,8	0,6	– 0,5	*22*	*17*	*9,8*	*2 309*	0,726
Union européenne à 27												
Allemagne	3 846	4 474	84	53 568	2,0	1,8	0,6	21	47	7,1	3 818	0,939
Autriche	446	500	9	56 002	1,6	0,9	1,6	24	56	2,6	3 800	0,914
Belgique	530	594	11	51 661	1,6	0,9	1,4	24	83	– 1,2	4 688	0,919
Danemark	348	332	6	57 161	1,8	1,3	2,4	22	56	7,9	2 817	0,930
Espagne	1 394	1 925	47	41 228	1,0	1,0	2,0	19	35	2,0	2 571	0,893
France	2 716	3 097	67	46 113	1,4	1,0	1,5	23	31	– 0,8	3 692	0,891
Grèce	210	325	11	30 483	– 2,1	– 1,6	1,9	11	36	– 2,1	2 182	0,872
Hongrie	161	318	10	32 626	2,7	3,0	4,9	25	85	– 0,8	2 433	0,845
Irlande	389	429	5	86 839	6,1	5,2	5,5	23	122	– 9,5	2 820	0,942

	PIB courant en milliards de dollars 2019	PIB_{PPA} en milliards de dollars (base 2017) 2019	Population en millions d'habitants 2019	PIB_{PPA} par hab. en dollars (base 2017) 2019	Croissance annuelle en termes réels moyenne 2019/2009 PIB	Croissance annuelle en termes réels moyenne 2019/2009 PIB/hab.	Croissance annuelle en termes réels 2019 PIB	FBCF en % du PIB 2018*	Export. de biens et serv. en % du PIB 2018*	Solde courant en % du PIB 2019	Consom. d'énergie par hab. (kg éq. pétr.) 2015*	Indice de développement humain 2018
Union européenne à 27 (suite)												
Italie	2 001	2 557	60	42 331	0,2	0,0	0,3	18	31	3,0	2 482	0,883
Pays-Bas	909	990	17	57 556	1,5	1,0	1,8	20	84	*10,9*	4 233	0,933
Pologne	592	1 253	38	33 043	3,6	3,7	4,1	18	56	0,5	2 490	0,872
Portugal	238	357	10	34 905	0,8	1,1	2,2	18	44	– 0,1	2 132	0,850
Rép. tchèque	246	429	11	40 292	2,3	2,1	2,6	25	78	0,0	3 860	0,891
Roumanie	244	577	19	29 893	3,0	3,6	4,0	21	42	– 4,7	*1 592*	0,816
Suède	531	546	10	53 572	2,5	1,5	1,2	26	46	*3,9*	5 103	0,937
Autres Europe												
Norvège	403	340	5	63 380	1,5	0,5	1,2	24	38	*4,0*	5 818	0,954
Royaume-Uni	2 827	3 117	67	46 628	1,9	1,1	1,4	17	30	– 3,8	2 765	0,920
Suisse	715	588	9	68 484	1,9	0,8	0,9	24	66	12,2	2 960	0,946
Turquie	744	2 350	83	28 172	5,8	4,2	0,9	30	30	1,1	1 651	0,806
CEI (Communauté des États indépendants)												
Kazakhstan	177	485	19	26 188	4,4	2,9	3,8	21	38	*– 3,6*	*4 435*	0,817
Russie	1 700	3 968	145	27 398	1,9	1,8	1,3	21	31	3,8	*4 943*	0,824
Ukraine	150	536	44	12 100	0,3	0,7	3,0	17	45	*– 0,7*	*2 334*	0,750
Afrique du Nord et Moyen-Orient												
Algérie	173	497	43	11 547	2,9	0,8	2,6	40	26	– 9,6	*1 328*	0,759
Arabie saoudite	793	1 611	34	47 020	3,7	1,1	0,5	21	40	6,3	*6 906*	0,857
Égypte	304	1 429	100	14 234	3,8	1,6	5,5	16	19	– 3,6	*827*	0,700
Émirats ar. unis	406	645	10	66 015	3,4	1,3	1,6	19	94	7,4	*7 648*	0,866
Irak	224	450	39	11 452	5,3	2,1	3,4	13	44	– 1,2	*1 438*	0,689
Iran	483	995	83	12 001	0,5	– 0,8	– 9,5	*20*	*25*	*– 0,1*	*3 060*	0,797

AFRIQUE DU NORD ET MOYEN-ORIENT (suite)												
Israël	395	363	9	40 365	3,8	1,9	3,5	21	29	3,5	2 778	0,906
Maroc	118	279	36	7 658	3,5	2,1	2,7	28	39	– 4,2	*555*	0,676
AFRIQUE SUBSAHARIENNE												
Afrique du Sud	359	735	59	12 556	1,7	0,2	0,7	18	30	– 3,0	*2 695*	0,705
Nigéria	446	1 033	201	5 139	3,6	0,9	2,3	19	15	*– 3,8*	*764*	0,534
Soudan	37	511	43	11 926	1,8	– 0,6	– 2,6	19	10	*– 14,9*	*381*	0,507
JAPON	5 082	5 231	126	41 468	1,3	1,4	0,7	24	18	3,6	3 429	0,915
CHINE	14 343	22 494	1 399	16 080	7,6	7,1	6,1	42	20	1,0	2 237	0,758
AUTRES ASIE DU NORD ET DU SUD-EST												
Corée du Sud	1 642	2 206	51	42 841	3,3	2,8	2,0	30	44	3,7	5 413	0,906
Hong Kong	373	458	8	60 858	3,1	2,3	0,3	22	188	6,3	*1 970*	0,939
Indonésie	1 119	3 197	271	11 812	5,4	4,1	5,0	32	21	– 2,7	*884*	0,707
Malaisie	365	907	32	28 397	5,3	3,9	4,5	24	69	3,3	*3 003*	0,804
Philippines	357	916	108	8 471	6,3	4,6	5,7	27	32	– 0,1	*474*	0,712
Singapour	363	547	6	95 845	4,7	3,3	0,5	24	176	17,0	*5 122*	0,935
Taïwan	586	1 165	24	49 008	3,2	3,0	2,0	23	65	10,7	4 696	
Thaïlande	529	1 289	70	18 509	3,7	3,2	2,9	23	67	*6,9*	*1 969*	0,765
Vietnam	266	772	96	8 003	6,3	5,2	6,5	24	106	*4,0*	*660*	0,693
AUSTRALIE	1 421	1 309	25	51 900	2,5	1,0	1,8	24	22	0,5	5 484	0,938
ASIE DU SUD ET PACIFIQUE												
Bangladesh	302	786	163	4 820	6,7	5,6	7,8	31	15	*– 2,7*	*229*	0,614
Inde	2 936	9 482	1 366	6 939	6,9	5,7	6,1	29	20	– 1,1	*637*	0,647
Myanmar	68	281	54	5 196	7,2	6,4	6,2	*31*	*20*	– 2,0	*369*	0,584
Pakistan	284	1 042	217	4 813	4,1	2,0	3,3	15	9	*– 5,0*	*460*	0,560
Sri Lanka	87	288	22	13 308	5,3	4,5	2,7	26	23	– 2,2	*516*	0,780

* Année antérieure en italique.

Sources : CEPII, base de données CHELEM-PIB ; Banque mondiale, *World Development Indicators*, 29 mai 2020 ; FMI, *World Economic Outlook*, avril 2020 ; PNUD, *Rapport sur le développement humain 2019*, septembre 2019 ; Taïwan, sources nationales.

TABLEAU III. INDICATEURS ENVIRONNEMENTAUX

	Jour du dépassement*	Émissions de CO_2 (millions de tonnes)		Émissions de CO_2 par habitant (tonnes)		Pollution PM2.5** (microgr./m^3)		Forêt (% des terres)		Électricité d'origine fossile (%)		Électricité d'origine renouvelable (%)	
	2019	1990	2018	1990	2018	1990	2017	1990	2016	1990	2015	1990	2015
Monde	29 juillet	22 637	37 887	4,2	5,0	44,3	45,5	31,6	30,7	61,9	65,2	19,4	22,9
OCDE		11 940	12 686	11,2	9,8	17,3	14,5	30,9	31,4	58,4	58,0	17,2	23,0
Union européenne à 28	31 mars	11 940	12 686	11,2	9,8	17,3	14,5	30,9	31,4	58,4	58,0	17,2	23,0
Afrique du Sud	8 juillet	312	477	8,3	8,3	26,1	25,1	7,6	7,6	94,3	92,8	0,6	2,3
Allemagne	3 mai	1 018	753	12,9	9,1	17,0	12,0	32,4	32,7	68,0	55,1	3,5	29,2
Arabe saoudite	6 avril	173	625	10,6	18,6	70,6	87,9	0,5	0,5	73,4	76,2	0,0	0,0
Argentine	26 juin	112	210	3,4	4,7	16,2	13,3	12,7	9,8	50,2	66,9	35,4	28,1
Australie	31 mars	277	415	16,3	16,8	10,4	8,6	16,7	16,3	90,3	86,4	9,7	13,6
Bahreïn		12	34	24,2	21,8	68,2	70,8	0,3	0,8	100,0	100,0	0,0	0,0
Belgique	6 avril	116	106	11,6	9,2	17,6	12,9		22,6	37,8	39,2	0,8	20,8
Brésil	31 juillet	229	500	1,5	2,4	15,1	12,7	65,4	58,9	4,5	23,4	94,5	74,0
Canada	18 mars	455	594	16,4	16,1	8,2	6,4	38,3	38,2	22,5	21,1	62,4	63,0
Chine	14 juin	2 398	11 256	2,0	8,0	57,8	52,7	16,7	22,4	79,6	73,0	20,4	23,9
Corée du Sud	10 avril	270	695	6,3	13,6	29,3	25,0	66,0	63,4	43,8	67,7	6,0	1,9
Croatie		25	19	5,3	4,7	21,9	17,9	33,1	34,4	54,4	33,2	45,6	66,8
Danemark	29 mars	54	33	10,4	5,8	13,3	10,0	12,8	14,7	96,7	31,9	3,2	65,5
Espagne	28 mai	234	276	5,9	5,9	12,2	9,7	27,6	36,9	46,8	44,1	17,2	34,9
États-Unis	15 mars	5 064	5 275	20,1	16,1	9,7	7,4	33,0	33,9	69,1	67,1	11,5	13,2
Finlande	6 avril	57	49	11,5	8,8	7,4	5,9	71,8	73,1	30,1	16,2	29,5	44,5
France	14 mai	386	323	6,8	5,0	15,8	11,8	26,4	31,2	11,3	6,1	13,4	15,9
Grèce	20 mai	79	72	7,7	6,5	20,6	16,2	25,6	31,7	94,9	71,1	5,1	28,7
Hong Kong		34	45	5,9	6,1					100,0	99,7	0,0	0,3
Hongrie		72	52	6,9	5,4	21,8	15,9	20,0	22,9	51,0	36,6	0,7	10,6

Inde		595	2 622	0,7	1,9	81,3	90,9	21,5	23,8	73,4	81,9	24,5	15,3
Indonésie	18 déc.	163	558	0,9	2,1	18,1	16,5	65,4	49,9	79,1	89,3	20,9	10,7
Irlande	27 avril	33	37	9,2	7,7	10,4	8,2	6,7	11,0	79,3	62,8	4,9	28,0
Islande		2	4	9,2	12,1	8,4	6,5	0,2	0,5	0,1	0,0	99,9	100,0
Israël	3 mai	35	67	7,8	7,9	24,8	21,4	6,1	7,7	99,6	97,7	0,0	1,9
Italie	15 mai	431	345	7,5	5,8	21,3	16,8	25,8	31,8	83,6	60,2	16,4	38,7
Japon	13 mai	1 149	1 199	9,2	9,4	14,4	11,7	68,4	68,5	54,9	80,3	11,3	16,0
Lithuanie		35	14	9,6	5,0	16,4	11,9	31,0	34,8	38,4	52,9	1,5	39,4
Luxembourg	16 février	12	10	30,8	16,9	13,7	10,4		35,7	83,3	62,7	13,3	32,4
Mexique	17 août	290	496	3,4	3,8	23,5	20,9	35,9	33,9	72,8	80,9	24,7	15,4
Nigéria		75	111	0,8	0,6	72,1	71,8	18,9	7,2	67,4	81,8	32,6	18,2
Norvège	18 avril	37	50	8,8	9,4	9,0	7,0	33,2	33,2	0,1	1,9	99,8	97,7
Pays-Bas	4 mai	161	162	10,8	9,5	16,5	12,0	10,2	11,2	93,2	82,2	1,1	12,4
Pérou	23 sept.	21	57	1,0	1,8	28,5	24,8	60,9	57,7	23,2	47,3	76,8	52,7
Philippines		44	148	0,7	1,4	22,1	18,1	22,0	27,8	54,6	74,6	45,4	25,4
Pologne		371	334	9,8	8,8	30,2	20,9	29,0	30,9	98,8	86,1	1,1	13,8
Rép. tchèque		163	111	15,7	10,4	24,4	16,1	34,0	34,6	77,9	55,9	1,9	11,4
Roumanie	12 juillet	187	80	8,0	4,1	20,3	14,6	27,8	30,1	82,3	42,6	17,7	39,7
Royaume-Uni	17 mai	584	372	10,2	5,6	13,5	10,5	11,5	13,1	77,5	53,2	1,8	24,8
Russie	26 avril	2 355	1 748	16,0	12,1	21,2	16,2	49,4	49,8	73,2	65,5	15,3	15,9
Singapour	12 avril	32	56	10,5	9,7	18,7	19,1	24,4	23,1	98,9	96,9	0,5	1,8
Togo		1	3	0,2	0,4	38,1	35,7	12,6	3,1	39,9	24,7	60,1	75,3
Turquie		150	417	2,8	5,1	42,6	44,3	12,5	15,4	59,6	67,8	40,4	32,0
Vietnam	8 oct.	20	271	0,3	2,8	35,9	29,6	28,8	48,1	38,2	63,3	61,8	36,7

* Le jour du dépassement (WWF & Global Footprint Network) correspond à la date à partir de laquelle l'empreinte écologique dépasse la biocapacité de la planète : si l'ensemble des habitants de la planète vivaient comme les Français, le 14 mai, ils auraient consommé autant de ressources naturelles que ce que la Terre peut renouveler dans l'année.

** Niveau moyen d'exposition de la population à des concentrations de particules en suspension mesurant moins de 2,5 microns de diamètre, en microgrammes par mètre cube.

Sources : Global Footprint Network ; Banque mondiale, *World Development Indicators*, 29 mai 2020 ; Commission européenne, base de données EDGARv5.0_FT2018.

Table des matières

Composition CEPII, Paris.
Achevé d'imprimer en août 2020 sur les presses de
La Nouvelle Imprimerie Laballery à Clamecy (Nièvre).
Dépôt légal : septembre 2020
N° de dossier : 008036

Imprimé en France